いい加減目覚めなさい

ニホンという滅び行く国に生まれた若い君たちへ・総集編

秋嶋 亮

白馬社

まえがき

本書は『ニホンという滅び行く国に生まれた若い君たちへ』4部作からの選集である。シリーズ本のダイジェストとも、拙論の入門書とも言えるが、いずれにしろ「総集編」の冠に相応しい佳作に仕上がったと自負している。

第一作は刊行された当時、大反響を呼ぶ一方で身も蓋もないタイトルに非難が殺到したが、その後の日本を見れば、誇張でもハッタリでもなかったと分かるだろう。つまり記述の一切が現実で確証されたのだ（仮説や予測が事実によって証明されたのである）。

もはやこの国の滅びは自明と言っても過言ではない。

主権は外国の掌上《しょうじょう》にあり、政治とカルトが一体化し、経済は30年にも渡り衰退し続け、自国通貨は大暴落し、国民は政府に所得の半分を奪われ、そこら中に貧困が蔓延《はびこ》り、原発事故は収束の目処すら立たず、膨大な国土が中国に買われ、国民を駆逐するように移民が押し寄せ、無謀なワクチン接種が未曾有の薬害を引き起こし、その挙げ句に平和憲法が解体され、戦争国家が再興しつつあるのだ。

つまりこの国は、かつてのナチス・ドイツのように、あらゆることが行き詰まり破滅に向かう「累積的急進化」の真っ只中にあるのだが、国民は平和社会という共有虚構に没入しているのだ。

このような人間の退廃は「認識的抑圧（政府やマスコミが知識の

拡散を妨害すること）」や「解釈学的不正義（状況を理解する語彙を持たないことで生じる抑圧）」の所産であり、これに一撃を食らわすことが本書の目的なのである。

すなわち、学際的な語彙の提示によって状況の理解を促すこと、言い方を変えれば、覚醒の言説技術の提供が本書の狙いなのである。つまりこれは「正確な語彙化→明確な観念化」によって意識の拡張を図る哲学の作業なのである。

一例を挙げてみよう。普段は口角泡を飛ばし与党を批判している野党が、いざ法案の採決となれば与党案の実に8割以上に賛成している。要するに野党は暴政の歯止めという役割を放棄しているのだが、この概念的錯乱は「ヘゲモニー政党制（与野党の談合で国会が運営される体制）」という一語で明快に説明できるわけだ。

このように我々は語彙でもって、状況や、現象や、人物を、素早く的確に判断し、仮説の精度と思考の抽象度を高められるが、語彙がなければ、こうした営為が全く覚束ないのだ。つまり「サピア＝ウォーフの仮説」の通り、語彙が知性＝人格の基盤であるからこそ、筆者はパラノイアとも言える執拗さで語彙を突き付けるのである。

本書はシリーズ各巻と同じく「若い君たちへ」と題されているが、手にした方はギョッと面食らうだろう。なぜなら、ここに収録した183の語彙（結語）は、一般ではまずお目にかかれないものばかりであり、これほど重要な言葉たちを（未成年者のごとく）今まで知らずに生きてきたことを激しく思い知らされるからだ。

そしてここで態度は二分するだろう。つまり、潔く自分の無知を認め「脱構築（認識の枠組みの再構築）」に取り組むのか、それとも「認知慣性（古い認識にとどまる態度）」を貫くのか、読者の反応は真っ二つに分かれるのだ。これはまさに映画『マトリックス』のシークエンス《重要場面》のように、幻想薬《ブルーピル》を飲み虚構で眠り続けるのか、それとも現実薬《レッドピル》を飲み過酷なリアルに立ち向かうのか、という実存的なテーマであり、我々日本人に等しく課せられたテーゼなのである。

つまるところ、私たちは精神の檻に捕獄され、透明な鎖に繋がれた奴隷であり、あなたがこれまで現実だと思い続けてきたものは、洞窟の壁に投射された影絵の如く虚ろな幻像なのだ。このようなギミック《支配の仕掛け》の中で搾取され国家と共に滅びるのか、それとも悲惨な現実を認め運命に抗《あらが》うのか、本書は激しく問いかけるものである。

今回の編集にあたっては、過去の記述を徹底的に見直し、文字数を削ぎ落とし、固定観念を切り裂くナイフのような短文に再構成した次第だ。この様式には「エビデンス《傍証の資料》がない!」という紋切り型の非難が集まるだろうが、各頁の鍵語《キーワード》を並べて検索すれば、たちまち記述を裏付けるデータ資料が山のように抽出されタジタジとなるだろう。つまり本書は、エビデンス《傍証の資料》があまりにも膨大であるからこそ、あえてエビデンスを付録としないのだ。

なお再掲であるが、シリーズのタイトルに付した〝若い君たち〟とは、未成年者という意味ではなく、可塑性(刺激によって柔軟に変化する性質)に満ちた脳と、権威や常識に束縛されない自由な精神を持つ者の総称であることを付け加えておきたい。この条件を満たす限り、例え暦年齢が70歳を超えていても〝若い君〟なのである。

それでは最後に「抗え! そして生きよ!」と鼓舞して擱筆《かくひつ》しよ

う。これからは、あなた自身が「解放の物語」を紡ぐのだ。

秋嶋　亮

目次

第1章 政府も政治もない国

第2章 君が奴隷であること

第3章 虚構が現実に代わる

第4章 平和な社会は終わった

第5章 重層の危機の時代に

第6章 思考するという希望

※本書に記した１８３の「括りの言葉」は社会学、政治学、経済学、心理学、哲学などの正統な学術用語であり、筆者の造語ではありません。

我々は或る国家に住むのではない。或る国語に住むのだ。祖国とは国語なのである。

エミール・シオラン

第1章

政府も政治もない国

1

脅迫の装置として置かれる在日米軍

戦後から80年が経過した現在も、日本国内には１００ヵ所を超える米軍基地が在ります。米軍は中国やロシアの侵攻から日本を守るために駐留しているのではなく、日本の国会にアメリカの要求を呑ませる脅迫の装置として置かれているのです。だから国会には反米的な議論がないのです。このように軍事力によって政治も経済も支配される国を「従属国」と言います。

2
本当の権力は太平洋の彼方にある

元政務官僚が「派遣法の改正はアメリカの要求だった」と語りました。つまり勤労者の4割近くを非正規雇用に沈め、長期不況の原因となった派遣法の改悪は、アメリカの外交圧力によるものだった、と暴露したのです。やはり重要な法案は宗主国《アメリカ》によって作られ、日本の政府は些末《さまつ》なことしか決められないのです。このように大国が小国の政治を支配する諸力を「シャープパワー」と言います。

3

植民地議会で日本の全てが決まる

ニュー山王ホテルで開催される日米合同委員会には、アメリカ側から在日米軍の幹部、日本側から官庁の局長などが出席します。ここでアメリカ側から法案や外交方針が下され、日本側は絶対逆らえないのです。つまりこれは事実上の植民地議会であり、日本の本当の国会なのです。このように主権がないにもかかわらず主権があると思い込むことを「主権の妄想」と言います。

4
民主主義は妄想の中にしかない

日米合同委員会は本国《アメリカ》の指示で動いています。そして本国《アメリカ》の議会は多国籍企業の司令で動いています。この階層的な意思決定の下で、日本の内政や外交が決定されているのです。つまり選挙で選ばれた国民の代表が民意を政治に反映させる民主制度は建前なのです。このように多国籍企業が世界を股にかけ支配する様式を「トランスナショナル・プライベート・ガバナンス」と言います。

5　重大な問題が国会で議論されない理由

日本の国会は外資の利権を損なうことを議題にしません。外資の本拠地であるアメリカの軍隊が駐留しているからです。だから郵政や水道やＮＴＴの売却、種子法の廃止、派遣法の改悪を始めとする重大問題が、国会で殆ど議論されなかったのです。このように小国は大国の命令や方針に逆らえないという説を「世界従属論」と言います。

6

幾重にも巻き付けられた支配の鎖

今も日本は独立国として認められていません。戦勝国であるアメリカが駐留軍を置き、日本の内政、外交、経済の全てを支配し続けているのです。ところが国民は、国富をアメリカに奪われる仕組みが分からず、日米関係が対等だと錯覚し、自分たちが従属的な立場であることを全く理解していないのです。このように国民国家の構造が解かれた体系を「疑似国家」と言います。

7　アメリカの占領統治は今も続いている

歴史家J・ダワーは「日本人は駐留米軍の支配の実情に全く気付いていない」と語っています。つまり、日本人は日本がアメリカの支配下に置かれ搾取される仕組みを理解していない、と述べているのです。このように被支配民族に自国が独立国家だと妄想させ不可視的に支配する方式を「新植民地的革命」と言います。

8

主権がないのに主権があるかのように振る舞う

政権が何度交代しても政治は変わりません。アメリカを本拠地とする外資を優遇し、国民を虐待する方針が全く同じなのです。鳩山由紀夫が「総理大臣に権限などない。国会で決まることなど何もない。重要法案は日米合同委員会で決定される」と公言した通り、政権が交代したところで、在日米軍が最高権力であることに変わりはないのです。このように主権がないのに主権があるかのように振る舞う国を「クエイザイ・ステイト」と言います。

9 政権が代わっても政治は変わらない

繰り返しますが、政権が交代しても何も変わりません。総理大臣や内閣が代わっても、在日米軍と多国籍企業から成る司令塔は不動だからです。越境的な権力が民主制度を無効にするため、日本の国会は民意を汲み上げる機能を持たないのです。このように政権が代わったと見せかけて同じ体制を維持することを「疑似政権交代」と言います。

10 外国の権力が越境して日本の主権を奪う

チリでは左派（福祉重視）のアジェンデ政権が、アメリカ主導のクーデターで解体されました。ウクライナでも親露派のヤヌコーヴィチ政権が、アメリカ主導のクーデターで解体されました。これらの事件が示す通り、アメリカは自国の資本が自由に活動できるよう、常に進出地で傀儡《かいらい》政権を作るのです。だから日本でも、鳩山政権が国策捜査で解体されて以降、対米従属型の政権が続いているのです。このように外国の支配が越境して主権を侵食することを「トランスガバメンタリズム」と言います。

11

ウクライナの連帯保証人にされた日本人

世界銀行がウクライナに融資するにあたり、NATO《北大西洋条約機構》は日本を保証国にしました。つまりウクライナが返済不能となった場合、延滞利息などを含め全て日本が代理返済するのです。当然その原資は税金です。すなわち国民はウクライナの連帯保証人にされたのです。このように超大国によって内政も外交も決定される体系を「付庸国《ふようこく》」と言います。

12

分かりやすい言葉で言えばカツアゲ

日本は１００兆円を超えるアメリカ国債を購入しています。しかし、それを国内で保管することも、有利な為替で処分して現金化することも認められていません。また償還と同時に新たな購入を求められるため、国民のための資産として活用できないのです。つまりこれは事実上の空手形なのです。このように大国に支配され内政の一部しか主権が認められない国を「半主権国家」と言います。

13

政治家は権力の末端に過ぎない

国会の上には日米合同委員会があり、外資化した経団連があり、創○学会などの宗教組織があります。つまり政治家は本当の権力の下請けに過ぎないのです。だからどう転んでも国民のための政府は登場しないのです。このように民主制が骨抜きにされ、政府が支配の道具に成り下がる体制を「権力政治」と言います。

14

事実上の無政府状態であること

派遣法改悪（非正規労働の強化）、種子法廃止（自家採種の禁止）、水道法改正（水道の外資化）、入管法改正（単純労働移民の解禁）などは、いずれも国益を損なうものばかりです。結局これらの法案は外国人投資家の配当を倍増させるために作られたのです。このように自国の経済や国民の暮らしを発展させる政府の機能が失われることを「脱国民国家化」と言います。

15

命の水が外国に売り飛ばされた

「改正水道法」で日本の水道が外国の企業に売られます。しかし水道を民営化した国々では、料金が4倍から10倍に引き上げられているのです。そしてそれに合わせ、貯水や井戸の採掘が禁止され、河川水を飲む人が続出し、コレラや赤痢などが蔓延し、大規模な暴動や再公営化運動が起きているのです。このように国が国益を守る役割を放棄することを「政府の空洞化現象」と言います。

16

売国には莫大な手数料が支払われる

経済学者のJ・スティグリッツによると、公共資本の売却に伴う政治家の手数料《マージン》は取引額の約10％です。もしこれが事実だとすれば、政府の目論見通り21兆円の水道が民営化された場合、約2兆円が支払われるのです。このように政治家は国民のためではなく自分の利益のために働くという学説を「公共選択理論」と言います。

17 第三世界のように正常な選挙がない国

与党の関係者が出資するM社が、投票用紙交付機や計数機を納入し、集計作業や出口調査を担っています。こうして同じ企業が、地方選挙と国政選挙の両方で、独占的に業務を仕切っているのです。これでは不正選挙が疑われても仕方がありません。このように権力者が不正な手段によって選挙を妨げることを「選挙干渉」と言います。

18

選挙で世の中を変えられない仕組み

皆が口々に「選挙に行こう！」、「選挙で政治を変えよう！」と言います。しかし薬害や、改憲や、政教分離や、派遣の禁止を争点にする政党はありません。また開票作業は政府の関係者が出資する企業に独占されています。つまり選挙で世の中を変えられない仕組みが三重四重に作られているのです。このように体制の変化を徹底的に妨げる支配を「包括的抑圧体制」と言います。

19

有権者は肉屋を支持する豚なのか

自由貿易や種子法の廃止により日本の農林水産業は壊滅します。ところが一次産業を基盤とする地方でも、自民党が支持されているのです。つまり有権者は自分の支持政党が自分を滅ぼすことを理解できないのです。このような事実を指摘されても認知に支障をきたさないよう、あえて無知にとどまることを「戦略的無知」と言います。

20 国民には政治の選択肢がない

立憲民主党の支持基盤である連合は、東電を始めとする原発企業と、三菱重工を始めとする兵器産業の組合です。つまり政権与党と最大野党は、原発産業と兵器産業という共通の根っ子《リゾーム》で繋がっているのです。だからいざ法案の採決になると、立憲民主党は自民党の法案の8割以上に賛成するのです。このように与党と野党が同じ利権に服するため、国民に政治的な選択肢がないことを「パラポリティクス」と言います。

21

野党は看板を変えた与党

野党は薬害や改憲の問題を取り上げません。つまり立民も、社民も、共産も、喫緊《きっきん》の問題を広く国民に訴え世論を喚起する「周知戦略」を全く採らないのです。そうやって与党と協調体制を築いているのです。このような与野党の一体化により健全な対立項が消失したファシズム状況を「党国体制」と言います。

22

問題を隠すことが国会の役割

日本の国会は重大な問題を議論しません。緊急事態条項や、原発事故や、政教分離や、低年金などの問題に殆ど触れないのです。そうやって優先順位の低いことばかりを議論し、適当に時間を潰し、お茶を濁しているのです。このように各党が共謀し不都合な問題を議題から排除する体制を「談合政治」と言います。

23

信念に囚われると現実を直視できない

少し考えれば与野党の対立が茶番だと分かります。しかしそれでも人々は共犯関係を認められないのです。つまり、どれほど背信的な事実を突き付けられても、自分が支持する政党や政治家を疑うことができないのです。このように信念に相反することをないことにして自我を保とうとする傾向を「認知的斉合性」と言います。

24

政治家を買収して国を乗っ取る

2006年に政治資金規制法が改悪されました。それにより、政治家が外国から献金を受け取り、見返りに法律を作ることが合法となりました。そしてその結果、労働者の4割が不安定な非正規労働者にされ、膨大な国土や、水道や郵便などのインフラが、次々と外国に売り飛ばされたのです。このように相手国の政治家を買収することによって侵略することを「サイレント・インベージョン」と言います。

25

国を発展させる意思も能力もない政治家たち

政治家が目指すのは地位とおカネだけです。だから自殺者が増えようが、福祉や医療が荒廃しようが、財政が破綻しようが、経済が崩壊しようが、全く問題ではないのです。むしろ彼らにとって道徳や倫理は桎梏《しっこく》（目標達成の足手まとい）に過ぎないのです。このように国を発展させる意思も能力もない者たちが支配する体制を「イネプトクラシー」と言います。

26 政治は経済の道具であるという鉄則

アメリカではゴールドマン・サックス、メリルリンチ、シティバンクなどの銀行の関係者が歴代の財務長官を務めています。財務長官は大統領よりも大きな権限を持ちます。そうやって銀行が息のかかった者たちを政界に送り込み、自分たちに都合のいい体制を作るのです。日本でも経団連が資金管理団体を通じて政治家に献金し、自分たちだけが豊かになる制度を作らせています。このように経営者と投資家のためだけに運営される体制を「コーポレート資本主義」と言います。

27

外国の企業が政府より権限を持つ

ＴＰＰ《環太平洋連携協定》などの自由貿易協定は憲法より上位に置かれます。例えば、国民皆保険制度を守ろうとしても、加盟国の企業が廃止を要求すれば、従わなくてはならないのです。つまり自由貿易の加盟とは、国会が機能を失い、国民の主権が奪われることを意味するのです。このように外国の企業が政府よりも権力を持つ体制を「超国家主義」と言います。

28

離脱が許されない不平等条約に署名した

自由貿易の侵略性に気付いても離脱はできません。なぜならTPP《環太平洋連携協定》などの合意文書には「ラチェット条項《巻き戻し不能》」が盛り込まれているからです。だから日本は二度と主権を取り戻すことができず、市場や、産業や、公共の資産が次々と奪われるのです。このように外国の食い物にされ廃《すた》れる国を「クライアント・ステイト」と言います。

29 やがて日本の全域が搾取工場になる

これまで産業や国民の権利を守ってきた諸々の制度が、自由貿易によって撤廃されます。そうなると生産者は駆逐され、労働者は低賃金を強いられ、日本の全域が搾取工場的な営みとなります。こうしてグローバル資本が莫大な利潤を得る一方で、国民は貧困に沈められるのです。このような状況となる未来を予測し対処する知性を持たないことを「マイオピア」と言います。

30　国家の主権と食料の主権を同時に失う

自由貿易に加盟したインドでは、農作物が安価な外国産に押され、30万人以上の農民が自殺しました。TPP、RCEP、FTAなどの自由貿易に加盟した日本でも、多くの農家が廃業を余儀なくされています。つまり私たちは国家主権と食料主権を同時に失っているのです。このように解決がとてつもなく困難化した問題を「ウィキッド・プロブレム」と言います。

31 日本人とは考えない人という意味になった

ＴＰＰが締結された時、国民は沈黙していました。ＦＴＡが締結された時も沈黙していました。ＲＣＥＰが締結された時も沈黙していました。つまりこの国の人々は、主権が空洞化する次元で全く声を上げなかったのです。このように確固たる意志や信念を持たず漠然と群れているだけの人間の群れを「集列」と言います。

32

移民の数だけ国民の雇用が消える

北米自由貿易協定《NAFTA》が締結されて以降、毎年60万人がアメリカに流入し、多くの人々が移民に職を奪われました。これから日本人も同じように移民に雇用を奪われ、パートやアルバイトに就くことすら困難化します。にもかかわらず「移民の数だけ雇用が消える」という当然のことが未だ理解されていないのです。このように雇用の減少によりその獲得を巡り激しい競争が生じるとする見方を「労働塊《ろうどうかい》の誤謬説《ごびゅうせつ》」と言います。

33

主権を明け渡して繁栄できるわけがない

ブラジルや、チリや、アルゼンチンなどのラテン諸国も、自由貿易で悲惨な目に遭いました。いずれも市場と産業を奪われ、低賃金と失業が蔓延し、外国の企業を減税するため、福祉や教育の削減を強いられたのです。そして今なお財政の悪化などの後遺症に苦しんでいるのです。このように自国の企業のために貿易の相手国を貧困に貶《おとし》めることを「近隣窮乏化政策」と言います。

34

自由貿易を偽装する植民地主義

経済学者のJ・ホブソンは「資本は国外進出にあたり国家の庇護を要する。国家は資本がもたらす富を要する。両者の利害が一致し、国策としての侵略戦争が始まる」と語りました。結局のところ自由貿易とは現代の植民地主義なのです。このように貿易協定によって他国を支配し領土化する構想を「自由貿易帝国主義」と言います。

35

外国の悲劇が示す日本の未来

アメリカに占領統治されたイラクでは、伝統品種の自家採取が禁止になりました。それだけでなく、農家はグローバル企業から遺伝子組み換え種苗を購入することを義務付けられたのです。そしてそれにより農作物の価格が高騰し、発がん性の高い食品が流通し、国民の健康と暮らしが脅かされているのです。これと同じことが種子法が廃止された日本で起きるのです。このように支配の諸力によって食の安全と確保が困難になることを「フード・インセキュリティ」と言います。

36　新しい植民地主義の時代が始まった

15世紀にコロンブスがアメリカ大陸を発見して以降、欧州の人々が先住民を奴隷にして資源を奪う植民地主義の時代が始まりました。しかし現代でも植民地主義は死んでいません。武力の代わりにＩＭＦ《国際通貨基金》などを通じ相手国に負債を負わせることで支配する新しい植民地主義が始まっているのです。このように金融という不可視的な手段で征服する方式を「新帝国主義」と言います。

37

全ての都市が侵略される

東京、名古屋、大阪、福岡などの都市が戦略特区になり、これまで住民の雇用や権利を守ってきた制度が段階的に廃止されます。つまり「国家戦略特区」とは日本全体を租界（外国人の治外法権区域）に作り変える構想なのです。このように主権を放棄し外国の企業や資本に支配を委ねる方針を「スープラナショナリズム」と言います。

38 もはや日本は日本人の国ではない

やがて全国の都市が戦略特区の名目で外資の治外法権区域になります。そうなると、多国籍企業が主幹事を務める区域会議が行政を担い、自治体よりも強い権限を持ち、自分たちの利益が最大となるよう予算を編成するのです。このようにグローバル化によって住民の主権が廃《すた》れる有様を「新帝国主義的従属」と言います。

39

支配の仕組みを送り込む支配

マスコミは戦略特区で発展するかのように言います。しかし戦略特区とは、低賃金や、規制緩和や、減税と引き換えに、外国の企業を誘致することです。つまり国民にとってはマイナスでしかなく、政府は発展の可能性がゼロだと知りながら、外国の企業に言われるまま戦略特区を推進しているのです。このように支配の仕組みそのものを相手国に送り込むことを「権力輸出」と言います。

40

傀儡である私たちの政府が仕えるもの

政府は戦略特区に進出する外資企業を減税します。そしてその財源を確保するため、福祉、医療、年金、教育などの予算を削減するのです。つまり私たちの政府は傀儡《かいらい》であり、外資企業から献金を得るために国民を犠牲にするのです。このように国家を売り飛ばす卑しい政治家を「コラボレーショニスト」と言います。

第2章

君が奴隷であること

41

アメリカが作った日本の奴隷制度

今や日本の勤労者の約4割が非正規労働者です。そのため低賃金が蔓延し、内需が激減し、消費不況が続いているのです。だから景気を良くするには派遣を禁止しなくてはなりません。ところが派遣法の改悪はアメリカの命令です。だから派遣制度を廃止できないのです。このように大国が属国を強権的に支配する体制を「ヘゲモニズム《覇権主義》」と言います。

42

貧困のスパイラルが構造化された

派遣法の改悪で働く人の４割が非正規労働者になりました。しかもこの層の人々は、少ない所得から所得税、住民税、社会保険料を引かれ、手元には僅かなおカネしか残らないのです。にもかかわらず、今後は労働市場に移民が参入し、低賃金が据え置かれるのです。このようにグローバル化によって国民が際限なく貧困に落ち込む様相を「底辺への競争」と言います。

43

日本人を駆逐し移民に入れ替える

少子化は構造改革が原因です。つまり派遣法の改悪で働く人の4割を非正規労働に沈めた結果、貧困が蔓延し、世帯数が激減し、出生率が低下したのです。要するに政府は国策として少子化を推進しておきながら、人手不足を理由に移民を呼び寄せているのです。このように国民を駆逐し外国人に入れ替える政策を「入植者植民地主義」と言います。

44

国民は自分が売られたことを知らない

日本の人材派遣会社の数はアメリカの5倍もあります。私たちの国は世界で最も「賃金をピンハネする会社」が多い国となり、そのため国民はドンドン貧しくなっているのです。その一方で投資家の配当は3倍〜5倍に引き上げられています。つまり派遣法改悪の目的は配当の倍増だったのです。このように少数者の利益のために貧困層に固定される人々を「サバルタン」と言います。

45

投資家が独裁者になる新しい資本主義

派遣法が改悪されて以降、投資家の配当は何倍にも引き上げられました。つまり派遣社員からピンハネされたおカネが企業の利益となり、それが投資家の配当に付け替えられているのです。そのため国民の所得が減り、消費が落ち込み、経済が縮小し続けているのです。このように国民や国家を犠牲にして投資家の利益の最大化を目指す体制を「株主至上主義」と言います。

46

人間のクズたちに支配される日本

私たちの国は、所得が減少する中で物価が高騰するスタグフレーションに喘いでいます。この状況で増税が強行されているのです。つまり政府は絶対に減税しなくてはならない局面で増税するのです。このように国民の暮らしや幸福を全く考えない愚劣な人々が支配する体制を「カキストクラシー」と言います。

47

こどもを金儲けに利用する政府

こども家庭庁には年間6兆円の予算が投じられます。これだけのおカネがあれば、保育園から大学まで無料にできます。低所得世帯に食費を援助することも可能です。そうすれば、こども食堂のボランティアに頼る必要もなくなるのです。結局こども家庭庁は新しい省益のために作られたのです。このようにこどもや家庭という言葉の不明瞭さを悪用する詭弁を「語義曖昧の虚偽」と言います。

48

老人の悲劇的な今が若者の未来

70歳以上の500万人を超える高齢者が、スーパーや、コンビニや、ファストフードや、炎天下の工事現場や、深夜のタクシーなどで働いています。本来であればゆっくり老後を過ごしている人々が、厳しい肉体労働に服しているのです。つまり日本の社会保障は実質破綻しているのです。ところが国会はこれを全く議論しないのです。このように都合の悪い問題を避け、重要度の低いことばかりを取り上げて誤魔化す政治家の態度を「瑣末主義《トリヴィアリズム》」と言います。

49

消費税は植民地税という意味

消費税は社会保障費を補う「養老税」として導入され、これまで500兆円以上が徴収されました。ところが当初の目的には1円も積み立てられず、ほぼ全額が多国籍企業の還付や減税に充てられているのです。にもかかわらず消費税率は今後さらに引き上げられるのです。このように植民地状態の国から搾《しぼ》り取る税金を「人頭税」と言います。

50

政治家は国民の代表ではなく資本の代理人

毎年20兆円を超える消費税が徴収されています。そしてこの大半が大企業の還付と減税に充てられます。こうして国防費の3倍近い莫大なおカネが大企業の利益となり、そこから投資家に配当されるのです。このように企業家や投資家が政府を代理人に仕立て、都合の良い仕組みを作るという説を「プリンシパル＝エージェント理論」と言います。

51

狂人のように外国におカネを送り続ける

これまで政府は支援という名目で２００兆円を超えるおカネを外国に送りました。さらに２０２３年に改定された「開発協力大綱」には、相手国の要請を待たずに支援する「オファー型」の開発援助が盛り込まれているのです。政治家が貧困に喘ぐ国民をよそに外国におカネを送り続けるのは、商社や、ゼネコンや、相手国の政府から手数料《キックバック》が支払われるからなのです。このように為政者が自分たちの利害のために都合よく法律を作ったり変えたりすることを「ムービング・ゴールポスト」と言います。

52

自己利益のためだけに働く政治家たち

本来であれば国会議員は民意や公約に基づいて政治をしなければなりません。しかし経済団体の要望通りにすれば献金が貰えるため、民意や公約を無視して、彼らだけが有利になる制度を作るのです。だから政権交代を繰り返しても国民は全く豊かにならないのです。このように自己利益のためだけに政治をする者を「レントシーカー」と言います。

53

過去を学ばない者は未来に盲目になる

マイナンバーと預金口座の紐付けは、戦後の昭和を彷彿とさせます。つまり、戦争で財政が破綻したことから、個人財産増加税法を作り、資産課税を強行した当時を思わせるのです。要するにマイナンバーと預金口座の紐付けは、天文学的な額に累積した国債の償還に向けた資産課税の準備なのです。このように過去の似たような出来事から現状を分析し、未来を予測することを「歴史的類推」と言います。

54 監視社会のディストピアが出現した

マイナンバーと携帯を紐付けし、クッキー《検索履歴》、戸籍、納税記録、カルテ、ＩＰアドレスなどを加えメタデータ化することが推進されています。そうなると私たちの個人情報は政府に一元化され、プライバシーも、思想信条も管理されるのです。デジタル庁はその中心的組織として創設されたのです。このように情報技術によって国民をくまなく支配する体制を「データヴェイランス」と言います。

55

この国では収賄が合法であること

日本経団連のホームページには「政党評価表」が公開されています。それにはどの政党が経団連の要望する政策を推進しているのか、学校の通知表のように記されているのです。そしてその成績によって政治献金の額が決まるのです。このように支配層が政治家を金銭で操る腐敗的な体制を「プルトクラシー」と言います。

56

日本そのものが外資化している

移民を推進する日本経団連の企業は外資化しています。そのため移民の安い賃金によって得た利益から、外国に莫大な配当金が支払われるのです。つまり移民政策は日本のためではなく、外国の投資家のために推進されているのです。このように外国の投資家に雇われた政府が、外国の投資家の利益を最大化する取り組みを「配当政策」と言います。

57

大企業が国民を犠牲にして太る社会

大企業は安価な人件費という移民の恩恵を受けます。しかしその一方で、国民は移民に伴い増大する生活保護費や、医療費や、失業給付などの負担を強いられます。そうなると前者の利益は何倍にも増えますが、後者の暮らしは増々苦しくなります。このように片方の利益のため、もう片方が損失を被る仕組みを「零和《ゼロサム》概念」と言います。

58 企業に奉仕するためだけにある政府

政治家は貧困に苦しむ国民への共感や救済の意思を持ちません。彼らの関心は、企業の要求を法案化し見返りに献金を貰うことと、特権的な地位を維持し続けることだけなのです。このように政府が国民に奉仕する義務を投げ捨て、企業のためだけに尽くす体制を「コーポレートクラシー」と言います。

59

最も高い税金を払い最も低い福祉を受ける

政府は福祉や、医療や、教育の予算をドンドン削っています。そうやって浮かせたおカネを大企業の減税や還付に充て、内部留保や配当金を増やしているのです。そしてその結果、日本は納税額に対し公共サービスが世界で最も低い国になったのです。このように政府が国民を幸福にする義務を果たさず、投資機関のように振る舞うことを「国家の金融化」と言います。

60

支配されていることを自覚させない支配

日本の国民負担率は50％近くに達しています。つまり私たちは所得の半分を税金や保険料で奪われているのです。一般に国民負担率が高い国では、学費や医療費が無料で、手厚い年金制度があります。しかし日本には高負担に見合うサービスがありません。だから支配層は不満を抑えるため、マスコミを統制し、大衆に知識を与えないようにするのです。このように国民に気取られないように支配する諸力を「環境管理型権力」と言います。

61

若者を大学よりも戦争に行かせたい

スウェーデンやデンマークなどの北欧諸国では大学の授業料が無料です。国民負担率が高い国は大体どこも学費が無料なのです。それに対し日本では大学生の半分が奨学金を借り入れ、卒業と同時に500万円を超える借金を抱えます。こんな状況で政府はさらに文教予算を減らし、代わりに国防費を2倍に引き上げるのです。このように教育などの国民サービスよりも軍事を優先する政治の体制を「先軍政治」と言います。

62

日本が超衰退国になった理由

30年以上にわたり国民の所得は減り続けています。各国の賃金が概ね上昇しているのに、日本の所得だけが下がり続けているのです。その一方で大企業の内部留保は600兆円を超えています。つまり国民の所得になるはずのおカネが、大企業の資産に付け替えられているのです。このように企業家や投資家のために国民の待遇を引き下げることを「ソーシャル・ダンピング」と言います。

63

飢餓の光景が国中に広がる

こども食堂は全国の中学校とほぼ同じ数に増加しています。そしてその大半は民間のボランティアの運営です。しかし、そもそも国策の失敗で飢餓が広がっているのですから、こども食堂は公費で運営されなければなりません。ところが国会はそんなことを全く議論しないのです。このように福祉を最小限度にとどめようとする政府の方針を「ミナキズム」と言います。

64

戦争している国よりも人が殺される国

政府の統計によると日本の自殺者は毎年2万人前後で推移しています。しかしWHO《世界保健機関》の基準に照らせば、毎年10万人以上が自殺しているのです。そしてその動機の大半が経済的な事情と指摘されるのです。このように悪政によって戦争を上回るほど国民の命が絶たれる状況を「ピースレスネス」と言います。

65

公務員が税金の全てを使ってしまう

国税の総額は60数兆円です。しかしその殆どが公務員の給与と特権に充てられます。国には独立行政法人や特殊法人などの「天下り団体（退職した公務員が再就職するための機関）」が100社以上もあり、毎年国防予算の2倍以上のおカネが、それらの運営費や、債務の返済や、傘下企業の補助金に使われます。そのため国を運営する予算の全てが借金で賄われるのです。このように〝公務員は高学歴のエリートなのだから国民のおカネを好きに使ってよいのだ〟とする考え方を「ビューロクラシー」と言います。

66

政治家も国のおカネの流れを知らない

国の予算は大体１００兆円だと伝えられています。しかしこれは一般会計という表向きの予算で、本当の予算は一般会計に国債（将来の税金を担保に銀行から借りたおカネ）などの借金を加えた特別会計という４００兆円規模の裏予算なのです。しかしこれは国会ではなく公務員が作る予算であるため、政治家もその内訳を知らないのです。このように国の会計が不明にされることを「財政のブラックボックス化」と言います。

67

日本は世界一の奴隷国家になった

政府は国債の発行によって調達したおカネを外郭団体（独立行政法人や特殊法人など）に流し込みます。官僚はそこに天下り、不労所得を得ます。そして政治家がその傘下の企業から献金を回収し、国債の償還（税金による国債の元本と利息の返済）を国民に課すのです。このように特権層が国債と交換したおカネを私物化し、返済の義務だけを国民に押し付ける支配の方式を「債務奴隷制」と言います。

68

真の権力者は姿を見せない

政治とは法律を作ることです。しかし法律の80％以上は公務員が作る内閣立法です。つまり国会議員が作る議員立法は20％にも満たないのです。国の本当の予算である特別会計は国会の承認を受けず、公務員によって編成されます。要するに政治家に世の中を変える力などないのです。このように公務員が政治家より力を持つ体制を「官主主義」と言います。

69

経済も、文化も、人間も廃れた

支配層は悪政を誤魔化すため国民の思考力を奪おうとします。つまり国民の知性を低位に保つため、番組や、映画や、音楽や、出版などの水準を著しく引き下げるのです。そうやって文化の低俗化によって、政治や、経済や、社会や、福祉や、人権などの高度な概念を抽象できない大衆を作るのです。このように国民共通の精神の拠り所を破壊することを「文化浄化」と言います。

70

独裁者がスポーツを奨励する理由

ナチスはスポーツを奨励しました。なぜなら競技に熱狂する大衆は政治に関心を持たないからです。また隊列を組んで行進し国旗を掲揚する競技の式典は軍隊と親和性が高く、戦争国家の推進に好都合なのです。政治よりスポーツの報道に多くの時間が割かれるのはこうした事情なのです。このようにスポーツを支配の道具として用いることを「アスレティシズム」と言います。

71

君たちは考える教育を受けたことがない

日本の学校は自分の頭で考えることを教えません。学校で行われることは、公務員が作ったカリキュラムであり、本当の教育ではないのです。だから日本人は大人になっても、分析的に判断したり、論理的に推論したり、批判的に思考することができないのです。このような歪んだ公共教育により、社会全体が未熟な生徒の集合のようになることを「学校的社会化」と言います。

72

学校は教育機関ではなく準軍隊

起立！　礼！　着席！　前へならえ！　など、日本の学校では始業から終業まで号令が途切れません。これは学校が軍隊をモデルに運営されているからです。軍隊とは人を殺すことも、自分が殺されることも厭《いと》わない人間を作る組織ですから、学校もそれに準じて生徒を機械化させ、自我や理性を破壊するのです。このような管理体制の下で国民に規律を叩き込む体系を「兵営国家」と言います。

73

無思考な国民を作るための施設が至る所にある

国民は敵基地攻撃能力を保有する法案や、軍需産業を国有化する法案が成立しても、全く異議を唱えませんでした。除染土を全国で再利用する法案が成立しても抗議しませんでした。30年近く所得が下がり続ける中で増税が宣言されても大して反発しませんでした。このような支配に都合の良い無抵抗な国民を作る学校や軍隊や宗教などの諸施設を「監禁環境」と言います。

74

聖書の時代から変わらない支配の仕組み

キリスト教やユダヤ教の聖典には、信徒を羊に見立てた表現がありま す。歴史を概観すれば、いつの時代でも支配層は体制を維持するため、宗教で民衆を従順な群れに仕立て上げてきたのです。このように家畜を飼うように国民を支配する諸力を「司牧的権力」と言います。

75

国民は死ぬまで飼育され続ける

小学校の6年間、中学校の3年間、高校の3年間、そして40年以上にもわたる社会生活で、認識と価値の刷り込みが続きます。学校を終えると企業とマスコミが代わって規範（どのように考え振る舞うべきなのか）を叩き込み、国民は司牧的権力の中で飼育され続けるのです。このように不断の洗脳を経て家畜のような人間になることを「馴致《じゅんち》」と言います。

第3章

虚構が現実に代わる

76

洗脳の言葉をシャワーのように浴び続けている

注意深く観察すれば、マスコミの発信に命令的な言語が秘められていることが分かります。つまり私たちはSF映画『ゼイリブ』さながらに、「権威に逆らうな!」、「考えるな!」、「いつも眠っていろ!」、「従え!」、「テレビを見ろ!」といったメッセージを、シャワーのように浴び続けているのです。このような支配環境で形成された無意識から生じる大衆の反応や振る舞いを「ハビトゥス」と言います。

77

新聞社と総理大臣が宴会する国

テレビ局の幹部や全国紙の主筆が、総理大臣と飲食を繰り返しています。権力の監視役である報道機関が公然と権力と癒着しているのです。日本が30年以上にもわたり衰退しながら、自民党が与党であり続けられるのは、マスコミが忖度《そんたく》して不都合なことを報道しないからなのです。このように権力と結託して報道内容を決定する者たちを「ゲートキーパー」と言います。

78

報道機関は権力の所有物である

新聞の記者クラブには年間100億円の税金が投入されます。民放もNHKも電波利用料が総売上げの1％以下に優遇されています。新聞社やテレビ局が所有する土地などの資産は、政府から格安で払い下げられたものです。だからマスコミは政府に絶対逆らえません。政府に不都合なことを報道しないことで特権を享受しているのです。このように権力に所有され、その手先となる報道機関を「オウンド・メディア」と言います。

79

マスメディアを信じるなら生き残れない

各局がコロナワクチンのＣＭを流しています。しかし広告倫理綱領には「広告の及ぼす社会的影響を考慮し、被害を与える可能性があるものは扱ってはならない」と記されています。だから薬害が深刻化している実状からすれば、コロナワクチンのＣＭの放送は到底許されないのです。このように報道機関は倫理や道徳のない蔑視すべきものだとする見方を「メディア・シニシズム」と言います。

80

意識とは何か？　現実とは何か？　という問い

コロナワクチンの接種開始から僅か4年で、超過死亡数は60万人を超えました。東日本大震災の犠牲者数ですら2万人位であることからすれば、とてつもないことが起きているのです。ところが、新聞も、テレビもこの問題を取り上げません。だから今も多くの人々がコロナワクチンは安全だと信じているのです。このように国民の共有認識はマスコミによって作られるフィクションだという見方を「メディア構築主義」と言います。

81

大衆は意識を操作されている自覚がない

これほどＩＴ機器が普及した時代でも、新聞テレビを情報源にする人が大半なのです。だから国民の８割近くが、マスコミに扇動される格好で、治験を終えていないワクチンを接種したのです。そしてその結果、途方もない薬害が広がっているのです。このように大衆を催眠的に操作する商業メディアを「意識産業」と言います。

82

無知な人々が支配的な世論を作る絶望

国民は本当の予算である特別会計の額も内訳も知りません。消費税が大企業の還付と減税に使われていることも、天下りの予算が国防費の2倍もあることも知りません。政治家が外国から献金を貰っていることも、法律が国会議員ではなく公務員によって作られることも知らないのです。このように無知の自覚のない人々がマスコミに操作され支配的な世論を作ることを「多数派の専制」と言います。

83

地震や津波よりも新聞やテレビが恐ろしい

新聞テレビは種苗法の改正で日本の農業が成長するとアピールしていました。しかしその一方で、自家採種が禁止になることや、違反者に莫大な罰金が科せられることや、危険な遺伝子組み換え品種が安全な伝統品種に取って代わることを全く報じなかったのです。このように都合の良い面のみを訴求し、都合の悪い面を隠して印象操作することを「片面提示」と言います。

84

マスコミを支配すればその国を支配できる

テレビ朝日、TBS、日本テレビ、フジテレビなどのキー局は、放送法に違反し、外資比率が20％を超えていると指摘されています。だとすれば、報道機関が外資化しているため、外資に不都合なことが報道されず、国民は重大な情報を得られないのです。このように相手国のマスコミを傘下に収めることで相手国を支配することを「メディア帝国主義」と言います。

85 私たちの認識は外側から作られる

マスコミはロシアがウクライナ侵攻に至った背景に一切触れません。つまり、ウクライナが停戦合意を反故《ほご》にし、ドンバス地方のロシア系住民を虐殺し、モスクワ向けのミサイルを配備したことなどから、プーチン政権が集団的自衛権を行使する形で戦争が勃発した、という経緯を説明しないのです。このようにマスメディアが意図的に情報を加工することで誤った認識が生じることを「フレーミング問題」と言います。

86

スポーツに熱中させ政治から関心をそらす

緊急事態条項が加憲されると、内閣の独裁が合憲になります。つまり緊急事態条項が成立すると、日本は世界史上ナチスドイツに次いで二番目に授権法（権力者が好き勝手に運用できる法律）を制定する国になるのです。ところがマスコミはこれほど大きな問題を伝えず、スポーツの報道に膨大な時間を割いているのです。このように国民を競技に熱中させ政治から関心をそらすことを「スポーツウォッシング」と言います。

87

報道という文明の麻酔

新聞やテレビはＴＰＰなどの自由貿易の加盟で主権が消滅したことを伝えません。原発事故の被害がどれほど広がっているかも報道していません。外国の支援に２００兆円を超えるおカネがばら撒かれたことも、文教予算が先進国中最低なのに国会議員の給与が世界最高であることも、全くニュースにしないのです。このように権力に服するマスメディアが何を報道し何を報道しないか決めることを「議題設定《アジェンダセッティング》」と言います。

88

権力に飼われる卑しいマスコミ

フランスのヴェオリア社が日本で核廃棄物の処理事業を始めます。私たちの政府が放射線の安全基準を世界で最も緩いレベルに引き下げたことから、各国は自国で使用済み核燃料を保管するよりも、日本に送って処分させる方が断然安くなったからです。しかしそうなると途方もない環境破壊や健康被害が生じます。にもかかわらず新聞は、それによって日本が発展するかのように書き立てているのです。このように権力に飼われる卑しい報道を「エンベデッド・ジャーナリズム」と言います。

89 こどもを騙すように国民を説得する

新聞テレビは「福島原発だけでなく世界中の原発が処理水を放出している」と主張しています。しかし福島原発が放出しているのは溶融した核燃料に接触した処理水です。つまり膨大な核種を含んでおり、他国の処理水とは比較にならないほど危険なのです。このように一見似たような事をこじつけて行為を正当化する詭弁を「類比の虚偽」と言います。

90

言葉が狂うと人間が狂う

「食べて応援！」というキャッチコピーが叫ばれていました。しかし放射能汚染が疑われる危険なモノを食べることと応援することは一致しません。本当に被災者を思いやるのであれば、外国への援助を凍結し、世界で最も高額な国会議員の給与を削り、浮かせたおカネを被災地の生産者の支援に充てなければならないのです。このように相反する意味の言葉を組み合わせ、受け手の思考を麻痺させる修辞を「矛盾語法」と言います。

91 状況や立場によって誰もが悪人になる

新聞社も、テレビ局も、広告代理店も、経済産業省も、本当は被災地の食品が危険だと分かっていたのです。にもかかわらず「食べて応援！」という宣伝文句を叫んでいたのです。そうやって「自分が特別に悪いわけじゃない。自分は組織の中で、言われたことをやっただけなのだ」と自己弁護しながら悪事に加担していたのです。このように状況や立場によって普通の人々が簡単に道徳や倫理を投げ捨てることを「ミルグラム効果」と言います。

92 現実よりもイメージが支配力を持つ時代

テレビ各局が東北を舞台にしたグルメ番組や旅行番組を放送しています。そうしてあたかも原発事故は過去の出来事であるかのように印象付けているのです。しかし原子力緊急事態宣言は解除されておらず、溶融した核燃料は所在不明で、今なお被害は広がっているのです。このようにマスメディアの現実形成力によって民衆を支配することを「ポスト真実の政治」と言います。

93

矛盾で理性を破壊する政治

暗黒未来小説『1984年』は「真理省」が歴史を改竄《かいざん》し「愛情省」が拷問を行うという筋書です。今の日本はこれに倣《なら》うかのように「文科省」が放射能は安全だと唱え、「環境省」が除染土を全国に拡散しようとしているのです。このように辻褄の合わないことで民衆の理性を破壊し統治することを「矛盾による支配」と言います。

94

国民の意識は簡単に書き換えられる

国民はマスメディアに依存しています。つまり報道を鵜呑みにして全く疑わないのです。だから新聞やテレビが改憲は良いことであるかのように報じれば、改憲に合意する世論を簡単に作ることができるのです。このように大衆の意識は自在に書き込み可能な空白の石版のようなものだとする仮説を「ブランク・スレート理論」と言います。

95

精神の牢獄に囚われていないか

多くの本を読み、ネットで様々な情報を調べ、必死に事実を探ろうとする人々がいる一方、大半の人々は新聞やテレビの情報を鵜呑みにし、自分で考えることを放棄しています。そして後者にとって、社会は未だ安全で平和な営みなのです。だから戦争や、薬害や、原発事故が身近に迫っていることを理解できないのです。このようにマスコミの不誠実な情報によって作られる認知の体系を「疑似環境」と言います。

96

君たちは現実の基盤のない仮想世界の住人

私たちはニュースの動画によって世界の出来事を知ることができます。しかし今や災害も事件もコンピュータグラフィックスによって簡単に「作る」ことができるのです。例えばイラク戦争のきっかけとなった（ボーイング機がワールドトレードセンターに激突する）9・11テロの映像もフェイク動画であることが暴かれています。このようにマスメディアの流す精巧な映像で民衆が操作される現代を「世界像の時代」と言います。

97 マスコミは支配装置であって報道機関ではない

世界初の新聞社はイギリス王室の所有でした。ナポレオンは35の新聞を廃刊して許認可制にしました。レーニンはラジオを「イデオロギーの武器」と称し、ヒトラーはテレビが洗脳機械になると予言しました。そして戦後アメリカはＮＨＫと、民放各局と、新聞各紙を日本の占領統治の道具としたのです。このように大手メディアが支配の手段として絶大な威力を発揮するという見方を「マスメディア強力効果説」と言います。

98

愚民政策が世界で最も成功した国

欧米の知識人はテレビを「イディオット・ボックス」と称しています。つまりテレビは馬鹿者を増産する装置だと断定しているのです。大宅壮一は60年以上も前にテレビによる人間の劣化を「一億総白痴化」と語りましたが、日本人の知性はその当時から退行の一途を辿っているのです。このようなマス媒体を中心的な道具にする衆愚政策を「メディアクラシー」と言います。

99

情報を読み解く能力を持たない大衆の社会

旧ソビエトの国民は新聞社やテレビ局が政府の宣伝機関であることを知っていました。中国や北朝鮮の人々も自国のマスコミを全く信用していません。しかし日本人は新聞やテレビが中立的で、正しいことを報道すると信じているのです。このように情報を読み解く能力が根本的に欠けていることを「イリテラシー」と言います。

100

国策としての国民の白痴化

アメリカの刑務所ではテレビ番組を流し続けることで囚人を大人しくさせます。テレビをずっと見ていると、前頭葉という能動的に物事を考える脳の部位が退化するのです。日本のテレビ局が長時間枠でバラエティ番組を流すのは、視聴者の思考力を奪い、政府に逆らわない従順な家畜のような国民を作るためなのです。このように国策として国民の白痴化を進めることを「蒙昧主義《オブスキュランティズム》」と言います。

101

議論も報道もさせない巨大な権力がある

コロナワクチンの薬害が過去46年分の全ワクチンの薬害を超えていることや、福島原発の汚染水が地球環境に破滅的な影響を与えることや、ウクライナの支援のため国民が莫大な負担を強いられることなど、政権の致命傷になる問題は国会でもニュースでも取り上げられません。このように重大な問題について議論も報道もさせず、問題そのものをかき消してしまう諸力を「三次元的権力」と言います。

102

抵抗の第一歩はテレビを捨てること

テレビの番組欄を見ると、ワイドショーや、バラエティや、ドラマなど下らないものばかりです。ニュース番組も冒頭の数分間だけ政治や経済のことを流し、大半の時間をスポーツ情報で埋めます。このようなマスメディアの意識操作によって、本当に考えなくてはならないことを考えず、芸能や娯楽に没入し馬鹿者になることを「頽《たい》落《らく》」と言います。

103

大衆社会とは奴隷制社会の別名

私たちの社会はマスメディアによって催眠状態に置かれています。つまり国民は盲動性、衝動性、軽信性、被暗示性という弱点を突かれ、意識を操作されているのです。だからこれほど酷い状況になっても反抗が生じないのです。このようにマスコミを中心手段とする支配が完成した体系を「高度大衆社会」と言います。

第4章

平和な社会は終わった

104

低劣な娯楽に溺れる日本人

元最高裁判事の濱田邦夫氏は改憲案を「正気の人間が書いた条文とは思えない」と評しました。なぜなら、戦争放棄の前文が削除され、基本的人権が抹消され、緊急事態条項による独裁が謳われているからです。このようにとてつもなく危険な状況にもかかわらず、国民がスポーツや低劣な娯楽に溺れ、政治への関心を失う状況を「アポリティカル」と言います。

105

憲法の停止によって成立するファシズム

改憲案通りに憲法が改悪され、緊急事態条項が発せられると、三権分立も、基本的人権も凍結されます。そして１００日毎に継続を決議するだけで、緊急事態条項は無期限に延長できます。しかもこの間は選挙が実施されないため、国会議員は終身議員となり、民主主義が終わるのです。このように憲法の停止によって成立するファシズムを「主権独裁」と言います。

106

国民投票が平和憲法を解体する

国民投票は、国民の過半数ではなく、投票者の過半数で決定する絶対多数制です。だから国民投票が実施されると、圧倒的な組織票を持つ改憲派が勝つのです。つまり国民投票をすれば必ず改憲されるのです。ところがこうした致命的な欠陥が全く周知されていないのです。このように民主的な手続きがあるように見せかけ、不正な手段で支配する体制を「非自由主義的民主主義」と言います。

107　宗教者の代理人として送り込まれた政治家たち

「今の憲法は外国から不当に押し付けられた憲法だから、日本人が独自の憲法を作らなくてはならない」と唱える政治家たちがいます。しかし彼らが提出した改憲案は、統一教会という外国のカルトによって起草されたものです。つまり全く矛盾したことを主張しているのです。このように宗教団体の代理人として送り込まれた政治家を「組織内議員」と言います。

108

与党と偽装野党しかない

立憲も、維新も、国民民主も、社民も、共産も、統一教会が改憲草案を作ったことに触れません。つまり野党は、外国のカルト教団が日本の憲法を改悪しようとしている、という大問題を追及しないのです。だから国民は、どれほど危険な状況であるのか、全く理解していないのです。このように与野党の癒着により健全な対立が消失した体制を「覇権《ヘゲモニー》政党制」と言います。

109

政治も司法も報道もカルトに所有されている

統一教会が選挙支援や金銭の見返りとして、政治家に要望通りの法案を作らせる「政策協定」の存在が暴露されました。しかしこの問題も全く追及されません。つまり外国のカルト集団が重要法案の成立に関わっていたことが明らかとなりながら、野党もマスコミも沈黙しているのです。このように宗教勢力が政治、司法、報道の全域を支配する体制を「シオクラシー」と言います。

110

談合で運営される腐敗した国会

統一教会と政策協定を結んでいた180名近い政治家は1人も罷免《ひめん》されていません。それどころか統一教会が作った原案通りに改憲を進めているのです。しかし野党第一党である立憲民主党も、14名の議員が統一教会から支援を受けていたことから、この問題を全く追及できないのです。このように与野党の談合で腐敗的に運営される議会体制を「限定的多党制」と言います。

111

だから宗教者は憲法を改悪したい

憲法第20条には「いかなる宗教団体も、国から特権を受け、政治上の権力を行使してはならない」と記されています。つまり本来であれば、統一教会や創○学会が政治に参加することは違憲なのです。結局やっていることが違憲だから合憲にするために改憲をゴリ押ししているのです。このように憲法を作り変える諸力を「憲法制定権力」と言います。

112

外国のカルトに操縦される政府

統一教会は「日本は生活水準を3分の1に減らし、税金を5倍にしてでも軍事力を増強しなければならない」と説いています。そして政府はその通りに、防衛予算を倍増させ、大増税を実施し、国民を貧困に沈めようとしています。つまり教団の司令がそのまま政策に反映されているのです。このように特定の宗教による政治支配を容認する体制を「聖職権主義」と言います。

113

政教分離ではなく政教一致

創〇学会が公〇党を組織し政権に加わることは、憲法20条で定められた政教分離の原則に反します。しかしこれほどの大問題が国会で取り上げられないのです。つまり宗教団体が政党を作り、組織票で代表者を国会に送り、政権に参加するという違憲問題が全く議論されないのです。このように宗教を憲法より上位に位置づける体制を「教権主義」と言います。

114

改憲すれば宗教者が主権者になる

改憲案では政教分離の原則が曖昧化されています。つまり創○学会や、統一教会や、神社本庁などが政治に関与しても違憲とならないよう、政教分離の条項が空文化されているのです。だから宗教団体が連携して改憲を進めているのです。このように宗教者が主権者となり政治を支配する体制を「クレリカリズム《聖職者独裁》」と言います。

115

気付いた時には声も出せない

誤情報の取り締まりを名目にＳＮＳを規制する法案が成立しました。すでに新聞、テレビ、ラジオ、週刊誌などの主流メディアは統制されています。つまりこの国ではマスコミが政府の管理下にあるのです。だからＳＮＳが規制されると、日本は全く言論の自由がない国になるのです。このように検閲や弾圧によって成る体制を「権威主義国家」と言います。

116

戦争するための準備が整えられた

国防予算の倍増や敵基地攻撃能力の保有が決定しています。沖縄や石垣島ではミサイル基地が建設されています。成人年齢が引き下げられ、徴兵の準備も進められています。残すところは憲法を改悪し、緊急事態条項を発するだけなのです。このように戦争するための準備が整えられた体系を「ギャリソン・ステイト《軍事国家》」と言います。

117

詭弁をゴリ押しすれば改憲と同じことができる

「中国や、ロシアや、北朝鮮などの攻撃に備える」という名目で、長距離ミサイルが全国に配備されます。しかし本当のところ、これは先制攻撃をするための措置であり、専守防衛という憲法の原則に反するのです。つまり違憲行為なのです。このように憲法の条文をねじ曲げて解釈することで、改憲と同じことをすることを「解釈改憲」と言います。

118 数千万人の国民が飢餓に苦しむ未来

中国を仮想敵国に見立てミサイルが配備されます。しかしもし中国がこれに対抗して肥料の輸出を停止した場合、ただでさえ先進国最低の日本の食料自給率は、10％以下になると試算されるのです。そしてそれにより戦時の昭和のような飢餓が生じるのです。このような外交関係の悪化がもたらす食料事情の悪化を「食料有事」と言います。

119

売国者は軍拡を喚き、愛国者は規制を叫ぶ

本当に国防を慮《おもんぱか》るのであれば、防衛予算を引き上げるよりも先に、国土沿岸の50基を超える原発を（ドローンなどの攻撃に備え）廃炉にしなくてはなりません。また外国による土地の取得や政治献金を禁止し、食料自給率を引き上げなくてはなりません。ところが国会にはこうした議論が殆どないのです。このように物事の道理を無視して愚かな政策を貫く態度を「独断主義」と言います。

120

戦争の目的は国民から資産を奪うこと

戦争国家になると軍事費をドンドン引き上げます。そして軍事費を確保するため増税したり、医療や教育や福祉の予算を削ります。つまり社会資本が兵器産業の利益と、その株式を保有する投資家の配当に化けるのです。このように戦争によって国民のおカネが奪われる仕組みを「資産移転」と言います。

121

緩慢な戦争が続く軍需産業のユートピア

軍需産業の国有化を可能とする法案が成立しました。しかしそうなると、日本はアメリカのように、兵器や弾薬の在庫を解消するため、公共事業としての戦争をする必要に迫られるのです。つまり意図的に周辺国との関係を悪化させ、局地的な紛争を仕掛け、外国の戦争に介入するのです。このように経済のため緩慢に戦争を続けることを「永続的戦争状態」と言います。

122 日本を軍国化させるアメリカの投資家

防衛産業強化法や防衛財源確保法などが、アメリカの要請によって成立したことが明らかになりました。つまり日本はアメリカの軍事企業のロビー《政界工作》活動によって軍国化しているのです。敷衍《ふえん》すれば、軍事企業の株式を持つブラックロックなどの投資家たちが、日本に軍国化するよう外交圧力をかけているのです。このように投資家が配当政策を推進させる体制を「シェアホルダー・キャピタリズム」と言います。

123 国民の99・9999%が知らないこと

ウクライナでは親ロ派のヤヌコーヴィチ政権が、アメリカ国務省首謀のクーデターで解体されました。そして傀儡として置かれたゼレンスキー政権が停戦合意を破り、ロシアがこれに対抗する格好で戦争が勃発したのです。日本ではアメリカの年次改革要望書を破棄した鳩山政権が、在日米軍首謀の国策捜査で解体されました。そしてそれ以降の政権は全て傀儡化し、アメリカの命令通りに軍国化路線をひた走っているのです。このように相手国の政府を解体し傀儡を置いて支配することを「間接統治」と言います。

124

金融と軍事に跨るエリートが世界を支配する

アメリカでも、ウクライナでも、日本でも、実権を握っているのは政府ではなく金融軍産複合体《ネオコン》です。大統領や総理大臣は彼らの代理人に過ぎないのです。だから社会資本を軍事に優先して注ぎ込み、教育や社会保障の予算を徹底的に削減するのです。このように金融と軍事に跨《また》る特権階級が世界を支配するという見方を「パワーエリート論」と言います。

125

スマホに召集令状が届く日

戸籍、病歴、学歴、職歴、賞罰、収入、債務などの個人情報をマイナンバーに紐付けすれば、徴兵システムが完成します。そして有事を宣言し、緊急事態条項を発すれば、たちまちスマホで召集令状が発行できるのです。これは決して空想ではなく、すでにロシアなどでは国民データベースとスマホを連動させたデジタル徴兵が実施されているのです。このような情報技術によって国民を専制的に管理する体制を「デジタル・レーニニズム」と言います。

126

アメリカの銀行家がナチスを作った

第一次大戦後のドイツは莫大な賠償金を求められ、欧州の最貧国になりました。しかしその後、アメリカの資本注入によって工業が復興し、僅か10年足らずの間に世界を相手に戦争をするほどの経済力を持ちました。つまり人類未曾有のファシズムの基盤は、１９２０年代当時アメリカで公募されたドイツ債と、１００社にも及ぶドイツ・アメリカの合弁企業だったのです。このようにナチス党を台頭させ第二次世界大戦を引き起こす契機となった銀行家による復興計画を「ドーズ案」と言います。

127

戦争中毒の国アメリカ

アメリカは1776年に建国されて以来、40以上の戦争を繰り返してきました。アメリカの歴史の中で、戦争のない時期は21年しかなく、戦争のない期間が5年以上続いたのは世界恐慌のときだけでした。そして戦争の度にアメリカは領土や資源や市場を獲得し、さらには兵器や物資の消費によって資本家に莫大な利潤をもたらしたのです。このように自国の経済のため武力を用いて支配地域を広げる体制を「膨張主義」と言います。

128

兵器産業に支配された国が日本を支配する

軍需産業は平時でも兵器を生産します。そのため戦争が途切れると在庫過剰となり倒産します。そこで業界のロビー《政界工作》団体が選挙に資金を投じ、代理人を政界に送り込み、戦争を起こすのです。2010年にアメリカで成立した「シチズンズ・ユナイテッド判決」は、これを合憲にするための措置だったのです。このように政府と軍需産業が一体化した有り様を「政軍関係」と言います。

129 戦争がなければアメリカは潰れてしまう

世界で使用される兵器の70%以上はアメリカ製です。米軍と取引する企業はアメリカ国内に2万2千社あり、さらに1万2千社の下請けがあり、兵器産業全体で200万人以上が働いています。こうした企業の経営者が政界工作《ロビー》団体を作り、代理人を政権に送り、軍事予算を引き上げたり、戦争するよう働きかけるのです。このように兵器産業が実質として政治を取り仕切る体制を「新保守主義」と言います。

130

世界を動かしているのは政治ではなく企業

アメリカの大統領には大した権限がありません。選挙に貢献した人々（最も多く選挙資金を集めた人々）から優先的に閣僚に抜擢され、それぞれが出自の業界に有利な法律を作ることから、大統領が自分で決められることは殆どないのです。演説もスピーチ・ライターという専門家が書くため、大統領が自分で内容を考えることもありません。このように企業が息のかかった者たちを政界に送り、自分たちに都合のよい政治を行う仕組みを「猟官制度《りょうかんせいど》」と言います。

131 徴兵のために日本の成人年齢を引き下げた

アメリカは毎年80兆円を超える戦争予算を使います。その額は中国と、ロシアと、日本と、イギリスと、フランスの防衛予算を合わせたよりも多いのです。このためアメリカは財政難に陥ったことから、自衛隊を米軍の下請けにするのです。そして日本の若者を徴兵するため、成人年齢を18歳に引き下げたのです。このように大国が支配地域の民衆を徴兵して戦争に駆り出すことを「強制徴募《きょうせいちょうぼ》」と言います。

第5章

重層の危機の時代に

132

羊の群れのように従順で無思考な国民

私たちの国はサリドマイド、子宮頸がんワクチン、血液製剤（薬害エイズ）などの薬害を経験しています。だから政府は薬剤の認可に慎重を期さなければなりません。ところがコロナワクチンの多くの被害が報告される中で、接種を中止するのではなく定期化したのです。このように製薬会社などが政府を支配し、無謀な政策を推進させる体制を「団体独裁」と言います。

133 不都合なことは認めない支配の方式

コロナワクチン接種後の死亡者数は、薬害イレッサや薬害エイズの何倍も上回っています。ところが厚労省は「これはコロナワクチン接種後の死亡者数であり、コロナワクチンが死因と断定されたものではない」と主張しています。つまり薬害を「ないこと」にしているのです。このように支配層に不都合なことを断固認めない方針を「否認主義」と言います。

134

国民は産業化したコロナで搾取される

コロナ対策費には３００兆円の予算が使われました。この原資は全て国債です。つまり今後国民はその償還のため増税を強いられ、福祉や文教の予算を削られるのです。しかしその一方で、製薬会社や、検査機器メーカーや、病院や、ワクチンを許認可した政治家たちは莫大な利益を得るのです。このように疫病に乗じて資産を築く者たちを「パンデミック・プロフィティアーズ」と言います。

135

株価を見れば全てがヤラセだと分かる

ファイザー、アストラゼネカ、モデルナなど製薬会社の株価は、コロナ禍の前年《2019》から高騰していました。医療用検査機器を扱うベクトン・ディッキンソン社や、注射器の高シェアを持つＷＳＴ社の株価もコロナ禍より先行して上昇していました。つまりパンデミックは計画されており、投資家はそれを事前に知っていた、としか考えられないのです。このように情報と権力を持つ者たちが優先的に利益を得る営みを「アクセス・キャピタリズム」と言います。

136

与党と野党がテーブルの下で手を握り合う

コロナワクチンによる薬害が深刻化しています。接種開始から僅か4年で、全ワクチンの46年分の被害を上回っているのです。ところが、立憲、社民、共産、国民などの野党は沈黙しています。被害実態の究明に取り組んだり、接種の中止を訴えたり、担当大臣や製薬会社の責任を追及しようとしないのです。つまり野党の役割を放棄しているのです。このように与野党の対立が建前に過ぎない政治の状況を「穏健な多党制」と言います。

137

国民の健康や生命なんてどうでもいい

製薬産業政治連名や日本医師会などのロビー《政界工作》団体が、与野党の国会議員に献金を繰り返しています。こうして与党も野党も同じ製薬利権に服しているのです。だから未曾有の薬害が生じながら、実態の解明に取り組む政党がないのです。このように政治家が国民の健康や生命を度外視し、企業などのロビー集団に尽くす体制を「利益誘導政治」と言います。

138

自民党と共産党は同じである

日本共産党も薬害問題を取り上げません。なぜなら共産党の医療団体である民医連の病院でもコロナワクチンを接種しているため、責任問題に発展するからです。だから国会でも選挙でも薬害を扱わず、この問題を発信した議員を除籍にしたのです。つまり自民党と共産党は同じなのです。このように対立するように見える者同士が、実はその裏で親密な関係にあることを「両建構造」と言います。

139 政府は膨大な被害が出ることを予測していた

ファイザー社が公開したコロナワクチンの有害事象報告には、1291種の副作用が記されています。つまり今起きていることは全て想定内であり、厚労省も膨大な被害が出ることを事前に予測していたのです。そしてその結果、取り返しがつかないことになったのです。このように政府が国民を守る意志や機能を持たない体系を「破綻国家」と言います。

140

この国では権力者の犯罪が咎められない

コロナワクチンによる薬害が問題化した際、元担当大臣は「私はただの運び屋だった」と語りました。それが原因と見られる膨大な超過死亡が生じていたにもかかわらず、その一言で片付けたのです。そしてマスコミも野党も責任を全く追及しようとしなかったのです。このように権力者の不正が咎《とが》められない歪んだ社会の状況を「インピュニティ」と言います。

141

政治家は製薬産業に買われている

ワクチンの開発には長い年月を要します。例えば麻疹は10年、子宮頸ガンは25年、髄膜炎菌やチフスには100年かかっています。HIVや、マラリアや、SARSに至っては未完成です。ところがコロナワクチンは僅か数ヶ月で開発され、瞬く間に世界中で認可されたのです。これが製薬会社の政界工作によることは言うまでもありません。このように医薬品産業に買収された官僚や政治家を「製薬利権の虜《とりこ》」と言います。

142

こどもたちの未来をレイプする大人たち

コロナワクチンの接種を開始して以降、未成年者の間で起立障害、歩行障害、視力障害、脳炎、心筋炎などが多発しています。ところが政府はこうした薬害がないかのように振る舞い、反省的な態度が全く見られないのです。このように急速に失われつつある〝現世代は次世代の生命や健康に責任を持つべきだ〟とするモラルを「世代間倫理」と言います。

143

グローバル資本が世界中に張り巡らせた支配の網の目

「製薬産業政治連盟」の会員企業の大半が外資化しています。つまり外資が日本の薬事行政を首謀しているのです。だからもしワクチンの接種を中止すれば、外資はＴＰＰやＦＴＡなどの自由貿易協定の枠組みでＩＳＤＳ（投資家と国の間の紛争解決）訴訟を起こし、日本政府に莫大な賠償金を求めるのです。このようにグローバル資本が世界中に張り巡らせた支配の網の目を「バビロン・システム」と言います。

144

規制や承認は企業のためだけに行われる

コロナワクチンの安全審査を大幅に簡略する「特例承認」が取られました。しかし臨床試験が全く不十分で、膨大な有害事象が報告されていたことからすれば、恐ろしく不適切な措置だったのです。そして予想通り未曾有の薬害が生じてしまったのです。このように規制や承認は国民のためではなく、企業のために行われるという見方を「キャプチャー理論」と言います。

145

病気を作るのも治療薬を売るのも製薬会社

Ｐ社は世界で最も売れている抗凝血剤の製造販売権を取得していま す。つまりコロナワクチンによって血栓症を増加させ、それにより抗凝血剤の需要を高めるという、マッチポンプ的な戦略によって、途方もない利益を得ているのです。そしてそのため世界中で多くの人々が犠牲になっているのです。このように製薬会社が政府を上回る権力を持ち暴虐を尽くす体制を「ファーモクラシー」と言います。

146

国境を越えて作用する巨大な暴力

アメリカの製薬産業が政界にばら撒く工作資金《ロビー》は年間２００億円近くに達します。これはＩＴやエネルギーなどの団体を抜いて断トツの額です。こうしてアメリカの議会が製薬産業の要望通りに外交を決定し、それが日本の政府に下達されるのです。つまりコロナワクチンの接種は外圧で推進されているのです。このように国境を越える企業の強制力を「越境型暴力」と言います。

147

原子力産業の支配は社会の全域に及ぶ

最高裁は年間5ミリシーベルトの被曝で労災を認定しています。ところが被災地《フクシマ》の避難基準は20ミリシーベルトに引き上げられています。これはチェルノブイリの強制移住基準に匹敵する数値です。そんな場所に多くの人々が住まわされているのです。ところが政治家も、マスコミも、学識者も、そのことを全く問題にしないのです。このようにあらゆる社会層を支配する原子力産業の強大な力を「核《かく》生権力《せいけんりょく》」と言います。

148

道徳と法律が同時に崩壊する時

原発事故を契機に年間の被曝限度が１mSv《ミリシーベルト》から20mSv《ミリシーベルト》に引き上げられました。これは旧ソ連政府が定めた居住禁止基準の実に4倍です。つまり私たちの政府は、賠償や避難の予算を抑えるため、被曝限度を旧ソ連の４００％に引き上げたのです。これが憲法で保障された生存権の侵害であることは言うまでもありません。このように人倫と法律が同時に崩壊する状況を「アノミー」と言います。

149

人権を蹂躙する巨大な権力

ウクライナ政府は原発事故の直後に1300台のバスを派遣し、子どもの救助にあたりました。そして「チェルノブイリ法」を制定し、避難者全員に生活費を支給し、住居や医療や生活費を保障しました。これに対し、日本政府は救助を怠り、自主避難者の支援を早々に打ち切ったのです。そしてこれに対するマスコミや、野党や、国民の非難を封じてしまったのです。このように政治と経済と司法に跨《またが》り人権を蹂躙《じゅうりん》する巨大な権力を「構造的暴力」と言います。

150

利権が日本を滅亡させるのか

60年を超える老朽原発の運転が許可されました。しかし南海トラフ地震が70％以上の確率で発生するという予測からすれば、全く気が狂った話なのです。この背景には司法官庁のOBが電力企業に天下る利権があるのです。このように規制する側が規制される側に取り込まれ、その代理人として振る舞うことを「規制の虜《とりこ》」と言います。

151

日本発の世界のカタストロフィ

福島原発から汚染水が放出されています。この危機はスケールにおいても、解決の困難さにおいても、過去の危機とは全く異なります。つまり、かつて人類が経験したことのない特殊で巨大な危機であり、日本一国にとどまらず、世界全体の危機に発展しつつあるのです。

このように人間の営みが地球規模で破滅的な影響を及ぼす現代を「人新世《アントロポセン》」と言います。

152

嘘も100回言えば真実になるという論理

汚染水が海洋放出されると、放射性核種がプランクトンから魚に生体濃縮され、いずれ人体に取り込まれます。現に周辺の海域で採取された魚から、高濃度のセシウムが検出されているのです。ところが、こうした実際に起きていることが、絶対に起こり得ないことにされているのです。このように明らかに誤ったことを正しいこととして議論や政策の前提に据えることを「不当仮定の虚偽」と言います。

153

やがて世界は日本人を憎悪する

政府は福島原発の汚染水が浄化されていると説明しています。しかしストロンチウムや、ウラニウムや、セシウムや、プルトニウムを濾過《ろか》できる技術は地球上に存在しません。現に経済産業省は、これらが残存核種（機械では除去できない核種）であることを認めているのです。だから今後は確実に生物濃縮が進み、人体にも悪影響を及ぼすのです。このように地球規模で生じる破壊的な環境の変化を「カタクリズム」と言います。

154

最初に科学が死に、次に自然が死に、最後に人間が死ぬ

マスコミは福島原発の処理水が安全だと言います。しかしそれに含まれるストロンチウム90の半減期は29年、セシウム137は30年、プルトニウム239は2万4000年、ウラン238に至っては45億年です。しかも汚染水はこれからも放出され続けます。つまり太平洋は死の海になるのです。このように想像を絶するほど影響が大きく、途方もなく解決が困難になった問題を「ウィキッド・プロブレム」と言います。

155

暗黒中世のように迷信的な社会が出現した

「原発から汚染水を放出しても大した問題ではない」という愚論や、「処理水の安全性は証明されている」という虚説が横行しています。しかしすでに被災地沖で採取した魚介や海藻からは、基準値を桁違いに上回る放射性核種が検出されているのです。このように非科学的で迷信的な態度を「反主知主義」と言います。

156

常に自分の認識を疑うこと

太平洋沿岸諸国が汚染水の賠償請求をした場合、その額は数百兆円に上ると指摘されます。そうなると日本は財源確保のため、増税はもちろん、年金や医療などの社会保障費を全面的に削減するしかないのです。ところがマスコミはこれほど重大な問題を全く取り上げません。それどころか「風評被害」の一語で全てを有耶無耶にしているのです。このような検閲や偏向報道によって歪められる国民共有の認識を「象徴的現実」と言います。

157

奴隷のごとく服従的な態度が感染症のように広がる

福島原発の汚染水の放出が決定された時、国民は抵抗しませんでした。学者も、文化人も、ジャーナリストも、アーティストも反抗しませんでした。太平洋を永久的に汚染し、子々孫々まで被害をもたらす決定に、日本人は皆沈黙していたのです。このように無思考で服従的な態度が社会全体に波及し破滅をもたらすという見方を「リスクの社会的増幅理論」と言います。

158

余りにも問題が巨大過ぎて理解できない

除染土を公共事業や農業で再利用する計画が進められています。膨大な核種を含み健康を害する恐れがあることから、莫大な予算を投じて剥《は》ぎ取った土を、全国に搬送して再利用すると言うのです。にもかかわらず、政府やマスコミは安全だと主張し、国民も納得しているのです。このように余りにも問題が巨大であるため正常な感覚が麻痺し、事の重大さが理解できないことを「規模不感受性」と言います。

159

科学が権力に歪められる問題

科学の本分とは、現象の背後にある因果関係を探り、普遍的な法則を導き出すことです。そしてそれにより将来起こり得ることを予測し、人々を啓蒙することです。結局のところ、原発事故の実態がこれほど不明なのは、科学が権力に取り込まれ、実学としての科学が死に、危険性が全く周知されないからなのです、このように科学が政治や経済の思惑によってないがしろにされることを「トランス・サイエンス問題」と言います。

160

危機が連鎖して巨大な崩壊を招く

日本の経済は土地本位制です。だからもし首都圏の核汚染が周知されると、地価が暴落し、株式や債券も紙屑になります。そして銀行は担保の劣化により、国債の買取りができなくなります。そうなると政府は破綻を免れられません。だからマスコミに原発事故が収束したかのような報道を繰り返させるのです。このように危機が連鎖し経済全体を崩壊させることを「システミック・リスク」と言います。

161

国民の人権を保障できない国になった

かつて日本は国連で「人間の安全保障委員会」の設置を提唱しました。それが今では原発事故の被災者を棄民し、国連憲章で定められた「保護する責任」と「対応する責任」の両方を放棄しているのです。このように政府が国民の人権を保障できなくなった体系を「失敗国家」と言います。

162

人間の生命が羽毛のように軽い時代

被災地では除染土がフレコンバッグに詰め込まれ、巨大なピラミッド群を築くという異様な光景が広がっています。そして多くの人々がそのような破局地帯での暮らしを余儀なくされているのです。そしてこれは外国の事件でも遠い過去の話でもなく、今私たちの目の前に横たわる現実なのです。このように生存が困難な地域に国民を住まわせる国策を「デモサイド」と言います。

163

毎年どこかで国が滅んでいる

国家の消滅は珍しくありません。大戦後から現在に至る僅か80年の間でも、毎年2カ国以上が消滅しています。ソビエト連邦という巨大国家ですら、原発事故であっけなく滅んでいるのです。だから私たちは福島の災禍を楽観的に捉えてはならないのです。このように国家の存続を根本から脅かす永続的な危機を「パーマクライシス」と言います。

164

生存の基盤が急速に崩壊している

世界中で禁止された除草剤や、ホルモン剤漬けの肉や、膨大な農薬を散布された果物や、遺伝子組み換え・編集の作物や、WHO《世界保健機関》が危険性を警告する抗がん剤が日本になだれ込んでいます。つまり私たちの国は世界のゴミ捨て場にされているのです。このような中で急速に崩壊する人間の生存基盤を「サブシステンス」と言います。

165

国民の無思考が最大の脅威であること

日本は外国の支配によって滅びようとしています。しかし最大の脅威は国民が自己家畜化したことです。つまり、自発的に思考を閉ざし、人間の理想を捨て、服従的に振る舞う国民の態度が最大のリスクなのです。このように行為の結果として必然的な状況が生じることを「再帰性」と言います。

166

中国による日本の領土化が進む

北海道では静岡県に匹敵する面積の土地が中国に購入されています。東京ドーム33個分の敷地をもつハウステンボスも中国に落札されています。九州では中国人の専用高校が開校しています。こうした中で円安が進み、防衛の要地や、水源や、森林や、農地が、次々と中国に買い取られているのです。このように経済的な手段によって相手国を領土化することを「エコノミック・ステイトクラフト」と言います。

167

危機の時代から消滅の時代へ

古代ローマ帝国は民主制が不全となり、衆愚政治が蔓延《はびこ》り、格差が拡大し、中間層が没落し、社会が荒廃したところで、異民族に攻め込まれ滅亡しました。今の日本はこれに酷似し、消滅の時代に突入しているのです。このように余りにも複雑化し解決が困難となり、理解も予測も覚束ない問題を「ハイパーオブジェクト」と言います。

第6章

思考するという希望

168

ナチスを彷彿とさせる暴論

「貧乏な高齢者を安楽死させろ！」という暴論が語られています。しかし高齢者が生活苦に陥っているのは、①年金財源が財政投融資（天下り団体の借り入れ）で不良債権化したこと。②養老税として導入された消費税が大企業の減税や還付に注ぎ込まれたこと。③年金の株式投資の失敗で損失が出たこと、などによるのです。このような物事の道理や事実を無視した愚かな意見を「誤謬推理《ごびゅうすいり》」と言います。

169
売国奴の手先になった日本の右翼

右翼とは、自国の主権や、伝統や、文化や、産業や、国土を守る立場という意味です。しかし日本の右翼が支持する与党は、郵政や、水道や、水源や、森林や、農業や、漁業や、種子や、企業や、雇用や、通信《NTT》や、国防の重要地域を次々と外国に売り飛ばしています。つまり彼らは売国の幇助《ほうじょ》をしているのです。このように右翼を僭称《せんしょう》し（立場を偽り）、右翼と真逆の行為をする集団を「右翼標榜《ひょうぼう》団体」と言います。

170

日本の未来はアメリカの今を見れば分かる

日本の未来を知ることは難しくありません。日本はアメリカの属国であるため、いずれ諸々の制度や法律が、それに準拠したものになります。だからアメリカの今を観察すれば、日本でもますます格差が進み、医療が崩壊し、言論の自由が消え、戦争国家になると予測できるのです。このようにアメリカの社会現象が日本で遅効的に生じるという見方を「日米社会20年遅延説」と言います。

171

大半の人間は世界の仕組みを知らないまま死ぬ

国民は重要な法案が公務員と在日米軍によって作られることを知りません。つまり日本に主権がないことを知らないのです。どれほど有名な大学を出ても、何十年新聞を購読しても、能動的な読書に取り組まなければ何も分からないのです。人々が信じる現実とは、マスコミが投射する影絵に等しい虚《うつ》ろなものなのです。このように疑似現実の中で生まれ死ぬという人間の実存の例えを「洞窟《どうくつ》の比喩《ひゆ》」と言います。

172

軽薄で浅慮な人間にならないために

グーテンベルクが活版印刷を発明し、支配層の特権だった読書が一般に普及しました。それまでの大衆は動物と同じように注意散漫で、ひとつの概念に意識を集中させる習慣がなかったのです。つまり私たちの祖先は、活字のもたらす語彙や、観念や、修辞という知的振動によって人間になったのです。しかしスマホやネットはその代替にならないどころか、真逆に軽薄で思慮のない人間を大量生産しているのです。このように科学技術を通じて人間や社会を考えることを「テクノフィロソフィ」と言います。

173

人は理解を超えることを受け入れられない

多くの本を読み知識を増やせば増やすほど、友人や家族と話が噛み合わなくなります。人間は自分の常識や経験の範囲でしか考えられないため、どれほど論理的に説明されても、理解を超えたことを受け入れられないのです。このように教養の格差によって現実の共有が不能となることを「通約不可能性」と言います。

174

多くの思考の枠組みを獲得すること

ネットには膨大な情報が溢れています。しかしそれを活用するには思考の枠組みとなる知識を要するのです。スマホでそれを養うことはできません。だから多くの本を読みましょう。流行りの本ではなく、何百年経っても色あせない普遍的な本を読むのです。このように知識によって物事の見方を高度で正確にすることを「精緻化《せいちか》」と言います。

175

繋がることよりも繋がらない価値

SNSで誰かと繋《つな》がっているよりも、孤独の方に価値があるのです。読書で思考力を養ったり、専門的な知識を学んだり、芸術的な技能を高めるなどしてアイデンティティの核を作り、周囲や社会に惑わされない自分にならなくてはならないのです。このように一人作業の中で黙々と内実を豊かにすることを「創造的孤独」と言います。

176

日本人は豚になるという三島由紀夫の予言

私たちの社会はかつてない危機を迎えています。しかし三島由紀夫が「日本人は豚になる」と予言した通り、未だ国民は現実を直視せず、目の前の娯楽に溺れ、知的怠惰を貫いているのです。つまり日本人は自ら意識を閉ざし、思考の営為を放棄しているのです。このように公共教育や愚民政策によって人間の質が低く保たれる体系を「管理計画文明」と言います。

177

情報化によって知性が死ぬという逆説

繰り返しますが、私たちの社会はかつてない危機を迎えています。しかしこれほど情報機器が普及していながら、国民は何が起きているかも、これから何が起きるかも、全く理解が覚束ないのです。つまり改憲の危険性や、薬害の広がりや、自国の植民地化や、原発事故の影響が全く不明なのです。このように情報化とは真逆に知性が退行することを「象徴的貧困」と言います。

178

悪が常勝する世界の現実

アメリカ大陸では先住民の文化が抹殺され、白人を中心とする国が作られています。アフリカ大陸では植民地時代に分割された民族が、今なお搾取され殺し合いを繰り返しています。欧州では二度の大戦を引き起こした資本家たちが、裁かれないどころか、幾世代にもわたり繁栄しています。日本では原発事故や未曾有の薬害を起こした人々が、責任も追及されず社会的地位を保持しています。このような現実にもかかわらず最後には正義が勝つと妄想的に信じることを「公正世界信念」と言います。

179

狂気と矛盾の中で生き抜く

世の中は極めて不条理です。どれほど正論を主張してもゴミクズのように扱われることがあります。それどころか、人のために尽くしても、逆恨みされ、暴言を吐かれ、侮辱されることすらあるのです。しかしそれでも私たちは挫《くじ》けることなく、信念を貫き、社会や人間の理想を追求しなければなりません。このように酷い現実の中でも自分を信じ、人格を高めようとする決意を「投企《とうき》」と言います。

180

世界が闇であるのなら自分が光になればいい

たとえ家族や友人に異常者扱いされても、世界の仕組みや人間の在り方を考えはじめた君は、これから長い孤独に耐えなくてはなりません。そもそも知識は紐帯《ちゅうたい》よりも孤絶を深めるのです。しかし、群れから離れた独りの時間だけが、君の中身を濃厚にし、偉大な人物に成長させ、成すべきことを示すのです。このように深い思索を経て本当になるべき自分になり、心から望むことを果たして輝く状態になることを「テオリア」と言います。

181

仮想で眠り続けるのか、現実に目覚めるのか

私たちは選択の岐路に立たされています。マスコミの情報を鵜呑みにし、意識を操作される「大衆」として生きるのか、それとも書物から真理を学び、孤独に耐えながら思考する「分衆」として生きるのか、どちらかを選択しなくてはならないのです。「マトリックス」の主人公ネオのように、幻覚薬《ブルーピル》を飲み仮想の世界で眠り続けるのか、それとも現実薬《レッドピル》を飲み過酷なリアルに立ち向かうのか、決断しなくてはならないのです。このような葛藤を乗り越え可能性の地平を切り開こうとする態度を「実存的な生き方」と言います。

182

滅び行く国に生まれた君たちへ

君たちの脅威とは、外国資本の傀儡と化した自国政府であり、生存権すら無効とする搾取であり、収束することのない原発事故であり、正常な思考を奪う報道機関であり、貿易協定に偽装した植民地主義であり、戦争国家のもたらすファシズムであり、コロナワクチンがもたらす巨大薬禍です。しかし過酷な現実に押し潰され未来を諦めてはなりません。絶望の闇の中にこそ希望の光が射すことを知り、苦難を乗り越えられると信じ、前進しなければならないのです。このような確信の下で不敵に生き抜こうとする態度を「先駆的決意性」と言います。

183

知識で自分を新しく作り変える

本書を読み終えた君は以前の君ではありません。多くの人々が信じているることが擬制であることを知り、隠された支配の構造を理解し、新鮮な世界観で思考を始めたのです。そして今後どれほど悪意に満ちた風景に直面しても、昂然《こうぜん》と顔を上げ、その先にある希望を信じ、運命に立ち向かうのです。このように知識によって自分を高め、より良く、より強く、より有意義に生きようとする決意を「意味への意志」と言います。

参考文献

『ニホンという滅び行く国に生まれた若い君たちへ―15歳から始める生き残るための社会学―』響堂雪乃　白馬社
『続・ニホンという滅び行く国に生まれた若い君たちへ―16歳から始める思考者になるための社会学―』秋嶋亮　白馬社
『ニホンという滅び行く国に生まれた若い君たちへ OUTBREAK（アウトブレイク）―17歳から始める反抗するための社会学―』秋嶋亮　白馬社
『日本が世界地図から消える前に―最悪の時代を生き抜くための社会学―』秋嶋亮　白馬社
『監視文化の誕生―社会に監視される時代から、ひとびとが進んで監視する時代へ―』デイヴィッド・ライアン　青土社
『パンデミック監視社会』デイヴィッド・ライアン　筑摩書房
『ウクライナ紛争　歴史は繰り返す』馬渕睦夫　ワック
『現代資本主義と新自由主義の暴走』二宮厚美　新日本出版社
『日本における地政学の受容と展開』高木彰彦　九州大学出版会
『地政学の逆襲』ロバート・カプラン　朝日新聞出版
『退屈とポスト・トゥルース　SNSに搾取されないための哲学』マーク・キングウェル、

小島和男　集英社
『ヴァーチャル社会の〈哲学〉―ビットコイン・VR・ポストトゥルース』大黒岳彦　青土社
『グローバリズムという病』平川克美　東洋経済新報社
『良き社会のための経済学』ジャン・ティロール　日本経済新聞出版社
『宗教地政学から読み解くロシア原論』中田考　イースト・プレス
『アメリカ民主党の欺瞞　2020―2024』渡辺惣樹　PHP研究所
『独裁の政治思想』猪木正道　KADOKAWA
『ナチス・ドイツの優生思想』中西喜久司　文理閣
『デジタル化する新興国―先進国を超えるか、監視社会の到来か』伊藤亜聖　中央公論新社
『幸福な監視国家・中国』梶谷懐、高口康太　NHK出版
『憲法改正が「違憲」になるとき』ヤニヴ・ロズナイ　弘文堂
『個人と社会―人と人びと』ホセ・オルテガ・イ・ガセット　白水社
『メディアに操作される憲法改正国民投票』本間龍　岩波書店
『だれも知らない日本国の裏帳簿』石井紘基　道出版

『マイナンバーはこんなに恐い！国民総背番号制が招く〝超〟監視社会』黒田充　日本機関紙出版センター
『私たちはどこにいるのか？』ジョルジョ・アガンベン　青土社
『ホモ・サケル　主権権力と剥き出しの生』ジョルジョ・アガンベン　以文社
『例外状態』ジョルジョ・アガンベン　未来社
『哲学とはなにか』ジョルジョ・アガンベン　みすず書房
『カール・シュミット　ナチスと例外状況の政治学』蔭山宏　中央公論新社
『危機の政治学　カール・シュミット入門』牧野雅彦　講談社
『政治的なものの概念』カール・シュミット　未来社
『植民地支配と環境破壊―覇権主義は超えられるのか―』古川久雄　弘文堂
『国家緊急権』橋爪大三郎　ＮＨＫ出版
『プロパガンダ株式会社』ナンシー・スノー　明石書店
『25％の人が政治を私物化する国』植草一秀　詩想社
『国家はいつも嘘をつく　日本国民を欺く9のペテン』植草一秀　祥伝社
『日本はなぜ「基地」と「原発」を止められないのか』矢部宏治　集英社インターナショナル

『インテリジェンス人間論』佐藤優　新潮社
『人間復権の論理』　羽仁五郎　三一書房
『君の心が戦争を起こす―反戦と平和の論理』羽仁五郎　光文社
『自伝的戦後史』羽仁五郎　講談社
『読書脳』立花隆　文藝春秋
『裏切りの世界史』清水馨八郎　祥伝社
『侵略の世界史』清水馨八郎　祥伝社
『資本主義崩壊の首謀者たち』広瀬隆　集英社
『東京が壊滅する日　フクシマと日本の運命』　広瀬隆　ダイヤモンド社
『1984年』ジョージ・オーウェル　早川書房
『カタロニア讃歌』ジョージ・オーウェル　現代思潮新社
『ならず者の経済学』ロレッタ・ナポレオーニ　徳間書店
『ネット・バカ　インターネットがわたしたちの脳にしていること』ニコラス・G・カー　篠儀直子（翻訳）　青土社
『スノーデンファイル　地球上で最も追われている男の真実』ルーク・ハーディング　日経BP社

『政治学の基礎』加藤秀治郎　一芸社
『脳と心の洗い方　なりたい自分になれるプライミングの技術』苫米地英人　フォレスト出版
『雇用破壊　三本の毒矢は放たれた』森永卓郎　角川書店
『地下経済　この国を動かしている本当のカネの流れ』宮崎学　青春出版社
『放射能が降る都市で叛逆もせず眠り続けるのか―抵抗の哲学と覚醒のアート×１００』響堂雪乃／281_Anti Nuke　白馬社
『北朝鮮のミサイルはなぜ日本に落ちないのか―国民は両建構造に騙されている』秋嶋亮　白馬社
『移民の経済学』ベンジャミン・パウエル　東洋経済新報社
『移民の政治経済学』ジョージ・ボージャス　白水社
『不寛容な時代のポピュリズム』森達也　青土社
『メディアに操作される憲法改正国民投票』本間龍　岩波書店
『除染と国家　21世紀最悪の公共事業』日野行介　集英社
『サピエンス全史（上）（下）文明の構造と人類の幸福』ユヴァル・ノア・ハラリ　河出書房新社

『ギデンスと社会理論』今枝法之　日本経済評論社
『現代政治学』堀江湛（編）、岡沢憲芙（編）　法学書院
『TPPすぐそこに迫る亡国の罠』郭洋春　三交社
『透きとおった悪』ジャン・ボードリヤール　紀伊國屋書店
『北朝鮮が核を発射する日　KEDO政策部長による真相レポート』イ・ヨンジュン　PHP研究所
『プロパガンダ教本』エドワード・バーネイズ　成甲書房
『アメリカはなぜヒトラーを必要としたのか』菅原出　草思社
『泰平ヨンの未来学会議』スタニスワフ・レム　早川書房
『アメリカの国家犯罪全書』ウィリアム・ブルム　作品社
『知の考古学』ミシェル・フーコー　河出書房新社
『言説の領界』ミシェル・フーコー　河出書房新社
『エクリチュールと差異』ジャック・デリダ　法政大学出版局
『現象学』ジャン・フランソワ・リオタール　白水社
『ヨーロッパ諸学の危機と超越論的現象学』エドムント・フッサール　中央公論社
『デカルト的省察』エドムント・フッサール　岩波書店

『間主観性の現象学』エドムント・フッサール　筑摩書房
『デリダ脱構築と正義』高橋哲哉　講談社
『イデオロギーの崇高な対象』スラヴォイ・ジジェク　河出書房新社
『社会学の方法』新睦人　有斐閣
『マクドナルド化の世界』ジョージ・リッツァ　早稲田大学出版部
『神話・狂気・哄笑――ドイツ観念論における主体性』マルクス・ガブリエル、スラヴォイ・ジジェク　堀之内出版
『ハンナ・アーレント　公共性と共通感覚』久保紀生　北樹出版
『法の原理　人間の本性と政治体』トマス・ホッブズ　岩波文庫
『正義の境界』オノラ・オニール　みすず書房
『方法序説』ルネ・デカルト　岩波文庫
『討議と承認の社会理論―ハーバーマスとホネット』日暮雅夫　勁草書房
『フランス現代哲学の最前線』クリスチャン・デカン　講談社
『論理哲学論』ルートヴィヒ・ヴィトゲンシュタイン　中公クラシックス
『現代思想を読む事典』今村仁司・編　講談社
『大衆の反逆』ホセ・オルテガ・イ・ガセット　白水社

『暗い時代の人間性について』ハンナ・アーレント　情況出版
『活動的生』ハンナ・アーレント　みすず書房
『権力と抵抗─フーコー・ドゥルーズ・デリダ・アルチュセール』佐藤嘉幸　人文書院
『実存主義とは何か』J・P・サルトル　人文書院
『ジャック・ラカン転移（上）（下）』ジャック＝アラン・ミレール（編）　岩波書店
『消費社会の神話と構造』ジャン・ボードリヤール　紀伊國屋書店
『フーコーの系譜学　フランス哲学〈覇権〉の変遷』桑田禮彰　講談社
『意味の歴史社会学─ルーマンの近代ゼマンティク論』高橋徹　世界思想社
『権力と支配の社会学』井上俊　岩波書店
『グローバリゼーションと人間の安全保障』アマルティア・セン　日本経団連出版
『ナショナリズムとグローバリズム』大澤真幸、塩原良和、橋本努、和田伸一郎　新曜社
『ポストモダンの共産主義』スラヴォイ・ジジェク　筑摩書房
『金融が乗っ取る世界経済─21世紀の憂鬱』ロナルド・ドーア　中央公論新社
『全体主義─観念の（誤）使用について』スラヴォイ・ジジェク　青土社
『秘密と嘘と民主主義』ノーム・チョムスキー　成甲書房
『すばらしきアメリカ帝国』ノーム・チョムスキー　集英社

『経済学は人びとを幸福にできるか』宇沢弘文　東洋経済新報社
『ニグロ、ダンス、抵抗』ガブリエル・アンチオープ　人文書院
『新聞の時代錯誤』大塚将司　東洋経済新報社
『哲学者は何を考えているのか』ジュリアン・バジーニ＋ジェレミー・スタンルーム　春秋社
『悪夢のサイクル』内橋克人　文藝春秋
『なぜ疑似科学を信じるのか』菊池聡　化学同人
『新自由主義の破局と決着』二宮厚美　新日本出版社
『新聞は戦争を美化せよ！―戦時国家情報機構史』山中恒　小学館
『ポスト新自由主義―民主主義の地平を広げる』山口二郎、片山善博、高橋伸彰、上野千鶴子、金子勝、柄谷行人　七つ森書館
『シミュラークルとシミュレーション』ジャン・ボードリヤール　法政大学出版局
『始まっている未来』宇沢弘文、内橋克人　岩波書店
『ショック・ドクトリン　惨事便乗型資本主義の正体を暴く（上）（下）』ナオミ・クライン　岩波書店
『テロルと戦争』スラヴォイ・ジジェク　青土社

『自由からの逃走』エーリッヒ・フロム　東京創元社
『正気の社会』エーリッヒ・フロム　社会思想社
『市場主義の終焉―日本経済をどうするのか』佐和隆光　岩波新書
『環境学と平和学』戸田清　新泉社
『世界の知性が語る21世紀』S・グリフィスス　岩波書店
『世界を不幸にしたグローバリズムの正体』ジョセフ・スティグリッツ　徳間書店
『これは誰の危機か、未来は誰のものか―なぜ1％にも満たない富裕層が世界を支配するのか』スーザン・ジョージ　岩波書店
『暴力とグローバリゼーション』ジャン・ボードリヤール　NTT出版
『パワー・インフェルノ―グローバル・パワーとテロリズム』ジャン・ボードリヤール　NTT出版
『日本を喰いつくす寄生虫―特殊法人・公益法人を全廃せよ！』石井紘基　道出版
『世界で最初に飢えるのは日本　食の安全保障をどう守るか』鈴木宣弘　講談社
『食の戦争　米国の罠に落ちる日本』鈴木宣弘　文藝春秋
『私家版・ユダヤ文化論』内田樹　文藝春秋
『疑似科学と科学の哲学』伊勢田哲治　名古屋大学出版会

『疑似科学入門』池内了　岩波書店
『ポストモダン・ニヒリズム』仲正昌樹　作品社
『ポストモダンの新宗教』島薗進　法藏館
『現代宗教とスピリチュアリティ』島薗進　弘文堂

ニホンという滅び行く国に生まれた若い君たちへ

響堂雪乃

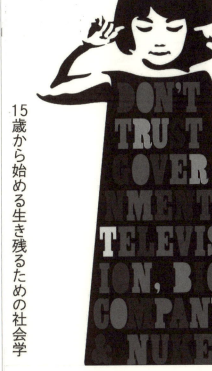

15歳から始める生き残るための社会学

「君たちはニホンという国ができて以来、最も過酷な時代を生きなくてはならないのだ……」

-Ultimate Sociology to Survive the Apocalypse-

新論壇のカリスマ書き下ろし最新作！

ニホンという滅び行く国に生まれた若い君たちへ
17歳から始める反抗するための社会学
秋嶋 亮
281_Anti nuke
DON'T TRUST GOVERNMENT, TELEVISION, BIG COMPANY & NUKES
アウトブレイク
OUTBREAK
「この国は虚構《コロナ》で解体されファシズム化する」
自由貿易による主権の廃絶、経済特区による都市の租界化、派遣制度による勤労者の奴隷化、新自由主義による福祉・医療の解体、原発事故による被害の拡大……今や破滅要因が重層化し、私たちの国は大崩壊の途上にあるのだ。本書はコロナ禍がこの現実を不明にし、弾圧体制を完成せしむる巨大な虚構であることを激しく告発する。
新論壇のカリスマが放つシリーズ第三弾刊行！

日本が世界地図から消える前に

最悪の時代を生き抜くための社会学

覚醒せよ！君たちに残されている時間は少ない

果てなく広がる巨大薬禍、ファシズムへの回帰を目論む憲法改正、国民を裏切る政党談合、通貨暴落と外交悪化がもたらす飢餓、外国資本の傀儡と化した政府、生存権すら無効にする搾取、正常な思考を奪う報道機関、収束することのない原発事故。重複の危機で日本は消滅寸前なのだ。

『ニホンという滅び行く国に生まれた若い君たちへ』シリーズ堂々完結!

秋嶋 亮

著者紹介

秋嶋亮（あきしまりょう）社会学作家、思想家。

全国紙系媒体の編集長を退任し社会学作家に転向。ブログ・マガジン「独りファシズム Ver.0.3」http://alisonn.blog106.fc2.com/ を主宰し、グローバリゼーションをテーマに精力的な情報発信を続けている。主著として『独りファシズム―つまり生命は資本に翻弄され続けるのか？―』（ヒカルランド）、『略奪者のロジック―支配を構造化する210の言葉たち―』（三五館）、『終末社会学用語辞典』（共著、白馬社）、『植民地化する日本、帝国化する世界』（共著、ヒカルランド）、『ニホンという滅び行く国に生まれた若い君たちへ―15歳から始める生き残るための社会学』（白馬社）、『放射能が降る都市で叛逆もせず眠り続けるのか』（共著、白馬社）、『北朝鮮のミサイルはなぜ日本に落ちないのか―国民は両建構造（ヤラセ）に騙されている―』（白馬社）『続・ニホンという滅び行く国に生まれた若い君たちへ―16歳から始める思考者になるための社会学』（白馬社）、『略奪者のロジック 超集編―ディストピア化する日本を究明する201の言葉たち―』（白馬社）、『ニホンという滅び行く国に生まれた若い君たちへ OUTBREAK―17歳から始める反抗者になるための社会学』（白馬社）、『無思考国家―だからニホンは滅び行く国になった―』（白馬社）『日本人が奴隷にならないために―絶対に知らなくてはならない言葉と知識―』（白馬社）、『日本が世界地図から消える前に―最悪の時代を生き抜くための社会学―』（白馬社）、『スマホに召集令状が届く日―ようこそ！戦争と独裁の未来へ』（白馬社）などがある。

いい加減目覚めなさい

―ニホンという滅び行く国に生まれた若い君たちへ・総集編―

2025年3月5日　第一刷発行
2025年7月20日　第三刷発行

著　者　秋嶋　亮
校　正　熊谷喜美子
発行者　西村孝文
発行所　株式会社白馬社
〒612－8469
京都市伏見区中島河原田町28－106
電話075(611)7855　FAX075(603)6752
HP http://www.hakubasha.co.jp
E-mail info@hakubasha.co.jp
印刷所　モリモト印刷株式会社

ISBN978-4-907872-42-7